以案说法

解惑老百姓身边的法律问题

孙 茹 王东海 主 编

中国财富出版社有限公司

图书在版编目（CIP）数据

以案说法：解惑老百姓身边的法律问题／孙茹，王东海主编．—北京：中国财富出版社有限公司，2021.6（2022.2 重印）

ISBN 978－7－5047－7436－1

Ⅰ.①以…　Ⅱ.①孙…　②王…　Ⅲ.①法律—案例—中国　Ⅳ.①D920.5

中国版本图书馆 CIP 数据核字（2021）第 090187 号

策划编辑	郑晓雯　李　伟	**责任编辑**	邢有涛　李　晗	**版权编辑**	李　洋
责任印制	梁　凡	**责任校对**	张营营	**责任发行**	黄旭亮

出版发行	中国财富出版社有限公司		
社　　址	北京市丰台区南四环西路 188 号 5 区 20 楼	**邮政编码**	100070
电　　话	010－52227588 转 2098（发行部）		010－52227588 转 321（总编室）
	010－52227566（24 小时读者服务）		010－52227588 转 305（质检部）
网　　址	http://www.cfpress.com.cn	**排　　版**	宝蕾元
经　　销	新华书店	**印　　刷**	宝蕾元仁浩（天津）印刷有限公司
书　　号	ISBN 978－7－5047－7436－1/D·0179		
开　　本	880mm×1230mm　1/32	**版　　次**	2021 年 6 月第 1 版
印　　张	6.75	**印　　次**	2022 年 2 月第 2 次印刷
字　　数	140 千字	**定　　价**	42.00 元

编写委员会

主　　　编： 孙　茹　王东海

编委会成员： 张　旭　李子健　于　乐　贾鑫金

顾　　　问： 王来友

序 言

2020年12月，中共中央印发了《法治社会建设实施纲要（2020—2025年）》。在这份文件中，有这样几句话："完善法官、检察官、行政复议人员、行政执法人员、律师等以案释法制度，注重加强对诉讼参与人、行政相对人、利害关系人等的法律法规和政策宣讲。""创新运用多种形式，加强对新出台法律法规规章的解读。""充分发挥法律服务队伍在普法宣传教育中的重要作用，为人民群众提供专业、精准、高效的法治宣传。"其中"完善以案释法制度，注重加强法律法规和政策宣讲"等阐述表明这份文件对律师行业普法宣传形式提出的新要求。作为新锐律所的北京双法律师事务所（以下简称"双法律所"），自2017年成立以来，在公益普法宣传方面，始终沿着新要求一路前行。

2019年12月初，"12·4"国家宪法日前夕，北京市顺义区司法局与顺义人民广播电台联合主办的《每周普法播报》开播，双法律所以公益的方式，承担了这一普法节目40期的法制宣传工作。从每期播报内容的策划到播报稿件的撰写、修改，再到播报完成，都凝聚着双法律所各位律师的辛勤付出和努力。历时近一年时间，40 期“以案释法”的普法宣传节目圆满完成，其间未出现一起播报错误，更重要的是受到了广大听众的喜爱与认可。

“盖天下之事，不难于立法，而难于法之必行。”作为法律人，我们公益普法的目的不仅是要让广大人民群众知晓社会生活中什么行为是合法的，什么行为是违法的，合法权益受到侵犯时怎么办，还要让法治意识、法治理念、法治思维、法治精神深入人民群众心中，让法治成为他们的信仰。如此，方能明法于心，守法于行，进而在日常生活中循法而为。

基于此，我们筛选了“以案释法”播报文稿中与人们日常生活密切相关的法律知识结集成本书，主要内容涉及民事侵权、婚姻家庭、遗产继承、合同纠纷、劳动用工、疫情涉法等方面。在本书出版之前，我们结合相关法律法规的立、改、废，又对一些内容进行了调整和完善，一些法律法规虽已废止，但为释法明理，仍列举出来。最终展现在读者面前的这本《以案说法——解惑老百姓身边的法律问题》，有通俗易懂的精彩案例，有深入浅出的法律分析，有明晰实用的法条链接。即便如此，由于受专业知识所限，加之法律法规仍在不断颁布、修订，本书仍难免存在不足和疏漏之处，欢迎读者批评指正。

本书内容从撰写、编辑到付梓，离不开双法律所每位律师的支持与付出，在此表示感谢。

2020 年 12 月 16 日

目　录

侵权篇 …………………………………………………………… 1

被高空抛掷物品砸到，该找谁赔偿？ ……………………… 3

体育活动中致他人受伤，是否承担赔偿责任？ ………… 8

个人信息被网络平台泄露，该如何维权？ …………… 12

开车免费搭载他人，发生事故谁承担责任？ ………… 18

酒后驾车发生交通事故，同饮者是否担责？ ………… 22

网友辱骂他人，网络服务提供者是否担责？ ………… 29

燃放烟花爆竹使他人受伤害，责任谁来承担？ ……… 35

家事篇 ………………………………………………………… 43

只办酒席没领结婚证，“夫妻”财产如何分割？ …… 45

伴侣婚前隐瞒重大疾病，怎么办？ ……………………… 53

房屋上设立的居住权，能否对抗遗嘱继承？ ………… 59

主张父母生前赡养费，能否获得支持？ ……………… 64

监护人有权处分残疾人的财产吗？ ……………………… 70

村民在自家宅院盖房，邻居阻挠怎么办？ …………… 76
恋爱期间赠与的礼物，分手后能否要回？ …………… 82
子女不赡养父母，《中华人民共和国宪法》能管吗？ … 87
侄子能否继承姑姑的遗产？ …………………………… 93

合同篇 ………………………………………………………… 99
违约方能通过起诉解除合同吗？……………………… 101
疫情导致旅游合同无法履行，消费者如何维权？…… 106
承租人能否以疫情为由，要求解除合同？…………… 112
培训机构突然人去楼空，培训费如何追回？………… 118
买到瑕疵车辆，该如何依法维权？…………………… 122
网络购物遭欺诈，消费者该如何挽回损失？………… 128

劳动用工篇……………………………………………………… 133
求职遭遇隐形歧视，权益如何维护？………………… 135
用人单位能否与员工协商延长试用期限？…………… 139
签订两次固定期限劳动合同后，用人单位能否终止
劳动合同？ ………………………………………………… 143
疫情导致企业无法复工而放假，劳动者能否主张
发全额工资？ ……………………………………………… 149
疫情期间未与劳动者续签合同，劳动者可否主张
双倍工资？ ………………………………………………… 156

疫情期间居家办公时，企业应否支付全额工资？…… 163
疫情期间员工受伤，可否认定为工伤？……………… 169

疫情防控篇…………………………………………… 173
散播疫情谣言，该当何“罪”？ ………………… 175
销售假冒伪劣口罩，会被追究何种法律责任？……… 180
拒不配合疫情检查登记，将承担什么责任？………… 186
非法捕食野生动物，会受到刑事处罚吗？…………… 191
疫情期间隐瞒病情和行程，违法吗？………………… 197

侵权篇

被高空抛掷物品砸到，该找谁赔偿？

高空抛物现象被称为“悬在城市上空的痛”。实验表明，一颗30克的鸡蛋从8楼抛下，可以让人头皮破损；从25楼抛下，就足以使人当场死亡。虽然各地明令禁止高空抛物行为，一些小区单元门上也张贴了“严禁高空抛物”的标识，但近年来，因高空抛物、坠物造成他人人身和财产损害的事件，在全国各地屡有发生。那么，如果我们在小区散步，或者我们停放在楼下的汽车，被高空抛掷的物品砸到，该找谁赔偿呢？

2018年5月，张某发现，其停放在某小区9号楼前的车辆被高空坠落的电钻钻头砸中，车辆天窗爆裂。张某随即向当地派出所报警。因无法找到行为人，车辆损坏无人赔偿，张某随即向法院提起诉讼，要求该小区9号楼的56户业主承担赔偿责任①。

---

① 仙游县人民法院（2019）闽0322民初7712号裁判文书

法院经审理认为，《中华人民共和国侵权责任法》（以下简称“侵权责任法”）第八十七条规定：“从建筑物中抛掷物品或者从建筑物上坠落的物品造成他人损害，难以确定具体侵权人的，除能够证明自己不是侵权人的外，由可能加害的建筑物使用人给予补偿。”本案中，张某的车辆是在 2018 年 5 月 20 日被装修使用的电钻钻头砸中的，故在 2018 年 5 月 21 日之后交房或者进行装修的业主均不用承担赔偿责任。李某等 38 户业主均在 2018 年 5 月 21 日之后申请交房或者进行装修，因此可不承担本案的赔偿责任。魏某等 18 户业主均在 2018 年 5 月 20 日之前交房或者进行装修，且提供的证据不足以排除自己不是可能的加害人，故应承担相应的赔偿责任。最终，法院判决魏某等 18 户业主各赔偿张某经济损失 556 元。

可见，在《中华人民共和国民法典》（以下简称“民法典”）施行之前，被高空抛掷的物品砸到，如果能找到具体的侵害人，由侵害人承担侵权赔偿责任。如果无法找到具体侵害人，除非建筑物使用人能自证无责，否则应当由建筑物使用人承担相应的赔偿责任。

但在法律实务中，高空抛物行为的治理仍存在“两难”问题。一是追偿难。根据《中华人民共和国民事诉讼法》“谁主张谁举证”的原则，高空抛物行为受害者在民事诉讼中需要为自己的主张提供相应的证据，但由于高空抛物行为具有随机性、瞬间性、隐蔽性，一旦高空抛物行为没有目击者或者没有被监控录像拍下来，受害者举证就相当困难，追偿也就成为难题。二是取证难。高空抛物侵权责任认定的主要证据包括物证、监控录像、受害人陈述等，要这些证据相互印证，形成完整的证据链条，难度相当大。

2020年5月28日通过的“民法典”第一千二百五十四条在“侵权责任法”的基础上进行完善，破解了高空抛物行为“一人抛物、全楼买单”的尴尬局面。该条明确规定：“禁止从建筑物中抛掷物品。从建筑物中抛掷物品或者从建筑物上坠落的物品造成他人损害的，由侵权人依法承担侵权责任；经调查难以确定具体侵权人的，除能够证明自己不是侵权人的外，由可能加害的建筑物使用人给予补偿。可能加害的建筑物使用人补偿后，有权向侵权人追偿。物业服务企业等建筑物管理人应当采取必要的安全保障措施防止前款规定情形的发生；未采取必要的安全保障措施的，应当依法承担未履行安全保障义务的侵权责任。发生本条第一款规定的情形的，公安等机关应当依法及时调查，查清责任人。”

“民法典”从法律层面确立了高空抛物的违法性，为相关责任的确定奠定了基础，确立了公安等机关的调查责任，以便通过公安机关的技术侦查手段，尽可能地查明具体侵害人，减少建筑物使用人被牵连的现象。此外，“民法典”增加了“可能加害的建筑物使用人补偿后，有权向侵权人追偿”的内容，加强了对“可能加害的建筑物使用人”权益的正当救济。

在此提醒读者，禁止从建筑物中抛掷物品，这是公民的法定义务，每一个人都必须严格遵守。一旦被高空抛掷的物品砸到，应立即报警，求助公安机关查清侵权人，收集并保留现场证据。受到人身伤害的，需要保留就医记录、受伤的照片以及门诊及住院费用单据等证明，以便向侵权人主张赔偿。

相关法条链接

中华人民共和国侵权责任法（节选）

第八十七条 从建筑物中抛掷物品或者从建筑物上坠落的物品造成他人损害，难以确定具体侵权人的，除能够证明自己不是侵权人的外，由可能加害的建筑物使用人给予补偿。

中华人民共和国民法典（节选）

第一千二百五十四条 禁止从建筑物中抛掷物品。从建筑物中抛掷物品或者从建筑物上坠落的物品造成他人损害的，由侵权人依法承担侵权责任；经调查难以确定具体侵权人的，除能够证明自己不是侵权人的外，由可能加害的建筑物使用人给予补偿。可能加害的建筑物使用人补偿后，有权向侵权人追偿。

物业服务企业等建筑物管理人应当采取必要的安全保障措施防止前款规定情形的发生；未采取必要的安全保障措施的，应当依法承担未履行安全保障义务的侵权责任。

发生本条第一款规定的情形的，公安等机关应当依法及时调查，查清责任人。

体育活动中致他人受伤，是否承担赔偿责任？

常言道，生命在于运动，拥有强健的体魄是我们做其他事情的基础。坚持不懈的体育锻炼，不仅会给我们带来强健的体魄，还可以陶冶我们的情操。但在日常生活中，体育活动避免不了磕磕碰碰，如果在参加体育活动的过程中不小心导致他人受伤，是否需要承担赔偿责任？读完这个案例[1]，也许我们就有答案了。

于某系某学院的学生，在校期间参加了学院组织的篮球队，进行小组对抗训练时，于某左膝扭伤，篮球队教练让同学将于某送回家休息，于某未进行治疗。一个月后，于某自行活动无异常、不适。某天，于某下楼梯时感觉左膝不适，遂住院治疗。经鉴定，于某左膝损伤后遗症构成十级伤残。故于某向法院起诉：要求学院赔偿其医疗费、伤残赔偿金、住院伙食补

① 北京市第三中级人民法院（2017）京03民终8739号裁判文书

助费、护理费、营养费，总计 14 万余元。

一审法院认为，于某参加学院组织的篮球队，代表学院参加比赛，相应的对抗训练具有一定的危险性，学院对于某的受伤虽无主观过错，但于某受伤后，学院并未安排于某立即就医，不能排除未及时治疗对于某伤势的预后产生不良影响，亦不能排除于某目前的伤残后果系当时训练时受伤所致，故学院应承担相应的赔偿责任，一审法院判令学院向于某支付相应费用。

学院不服提起上诉，二审法院认为，篮球活动具有较强的肢体对抗性和人身损害的风险性，成年人的篮球活动参与者对参与此项体育活动可能存在的风险应当有一定的预见性。于某虽在学院组织下代表学校参加训练，但也属于自愿活动，故其对于训练过程中因身体碰撞而造成的损害应自行承担责任。学院的体育教师在于某受伤后对其进行了必要的救助，且主动询问于某是否需要就医，但于某表示可自行就医，且于某在事发第二日前往医院就医，学院尽到了必要的救助义务，对于某未及时进行后续治疗不存在过错，无须承担侵权赔偿责任，但基于学院系于某拟参加之体育赛事的受益人，应承担一定赔偿责任，故对相应赔偿金的数额予以调整。

现代社会中，竞技比赛、自助旅游、极限运动等活动的风险大量存在，但是 2009 年实施的“侵权责任法”中，“自甘风险”尚未列为减轻责任或免除责任的法定理由，有些裁判依据过错责任原则或公平原则判决被告承担一定的责任，一定程度上不利于文体活动的开展，也在一定程度上影响了人们的正常交往。2021 年 1 月 1 日起实施的“民法典”“侵权责任编”新增了“自甘风险”原则，填补了这一法律空白。

通过上述案例可知，如果在体育活动中不小心导致他人受伤，根据“自甘风险”原则，是不用承担赔偿责任的，但是，其他参加者对损害的发生有故意或者重大过失的除外。需要注意的是，“自甘风险”原则的适用也是有条件的。

根据“民法典”的规定，该原则适用范围为具有一定危险的文体活动，可包括专业体育运动、非专业体育运动、自助旅游等户外探险活动等，并需要符合下列条件：

一是行为本身具有风险性。从事的活动具备相关风险，且该风险是自始客观存在的，其中风险性指行为过程中有可能产生的并非一定产生的损害后果。

二是主体上的适格性。行为人必须具有相应的民事行为能力，按照一般正常智力水平可以预见危险的存在，并可做出理性的分析和有效的选择。

三是主观上的明知性和自愿性。行为人应明知参与此活动存在一定的风险，仍自愿参加。自愿方式应包括口头明确同意或签订条约、合同等书面明示方式，也包括当事人以自愿参加活动的行为而表示的默认方式。

四是行为具有合法性和利益性。行为人做出的行为不是为了履行道德或法律义务而承担风险，而是为了获得某种利益选择进入危险中，比如为了荣誉、获得满足感、挑战自我等，但不可违反公序良俗，必须符合社会善良风俗、日常习惯和行业规则。

在此提醒大家，虽然“民法典”增加了“自甘风险”原则，厘清了文体活动中出现意外的各方责任的法律范围，但是我们在日常的文体活动中还是应当注意保护自身和他人的安全，确保文体活动安全有序开展。

相关法条链接

中华人民共和国侵权责任法（节选）

第二十四条 受害人和行为人对损害的发生都没有过错的，可以根据实际情况，由双方分担损失。

中华人民共和国民法典（节选）

第一千一百七十六条 自愿参加具有一定风险的文体活动，因其他参加者的行为受到损害的，受害人不得请求其他参加者承担侵权责任；但是，其他参加者对损害的发生有故意或者重大过失的除外。

活动组织者的责任适用本法第一千一百九十八条至第一千二百零一条的规定。

个人信息被网络平台泄露，该如何维权？

当下，随着互联网信息化的发展，个人信息越来越容易被曝光并被恶意利用，公民因此遭受麻烦和骚扰的事情也屡屡发生。“需要办贷款吗？”“我这里有优质楼盘，您需要吗？”相信很多人在生活中都会接到类似的陌生电话，内容从介绍贷款、推销楼盘，到证件办理、教育培训，可以说花样百出，让人不堪其扰。那么，在日常生活中，一旦我们的个人信息被泄露，该如何维权呢？下面，我们一起看看这个案例①。

一天，王某因出差需要，通过某网络订票平台订购了机票。王某在订票平台上绑定银行卡账号时，预留了个人手机号。第二天，王某收到一条短信，短信内容为“您预定的航班，因起落架故障已被取消。请及时致电客服办理退票”。短信内容与王某订票的内容完全一致，包括姓名、航班号、日期

① 北京市朝阳区人民法院（2018）京0105民初36658号裁判文书

以及航空公司。王某担心影响工作，便拨打了短信中预留的电话，电话中的工作人员说航班取消需要办理退票款事宜，并要求王某提供自己的支付宝账户。王某便提供了支付宝账户，并按提示开通了一些支付功能，随后，王某银行卡被盗刷 5 万元。王某认为，订票平台作为专业的机票代理机构，未尽到安全保障义务，导致自己的身份信息及订票信息泄露，订票平台在安全措施上存在重大疏漏。于是诉至法院，要求订票平台赔偿损失。

法院审理认为，王某通过网络平台订购机票，因订购机票行为而产生的出行人姓名、航班日期、起落地点、航班号、航空公司信息、订票预留手机号码信息被整体泄露，诈骗分子根据泄露的信息内容发送诈骗短信，最终导致王某银行卡内个人财产受损。本案中，王某被泄露的信息包括王某的手机号码及机票行程安排等，王某的手机号和机票行程信息可以与信息主体王某个人进行匹配与识别，符合个人信息识别的根本特征。据此，王某被泄露的上述信息为法律所保护。王某已举证证明其将个人信息提供给网络平台，后在较短时间内发生信息泄露事件，已完成相应的合理的举证义务。从现有证据看，订票平台未尽到对个人信息负有的信息保管及防止泄露义务，在信息安全管理方面存在漏洞，具有过错，故应当承担侵权责任。

《中华人民共和国民法总则》第一百一十一条，《中华人民共和国网络安全法》第四十条、第四十一条、第四十二条、

第四十三条、第四十四条规定，自然人的个人信息受法律保护。任何组织和个人需要获取他人个人信息的，应当依法取得并确保信息安全，不得非法收集、使用、加工、传输他人个人信息，不得非法买卖、提供或者公开他人个人信息。网络运营者对网络用户的个人信息负有安全保障的法定义务。据此，在日常生活中，一旦我们的个人信息被泄露，根据上述法律规定，可以要求泄露信息的一方承担侵权责任。

随着互联网技术的飞速发展，信息传递的快捷性越发凸显，个人信息安全保护的难度也不断增大。针对这一情况，“民法典”第一千零三十四条至第一千零三十九条对个人信息保护做了详细规定，其中第一千零三十四条规定：“自然人的个人信息受法律保护。个人信息是以电子或者其他方式记录的能够单独或者与其他信息结合识别特定自然人的各种信息，包括自然人的姓名、出生日期、身份证件号码、生物识别信息、住址、电话号码、电子邮箱、健康信息、行踪信息等。”第一千零三十八条规定：“信息处理者不得泄露或者篡改其收集、存储的个人信息；未经自然人同意，不得向他人非法提供其个人信息，但是经过加工无法识别特定个人且不能复原的除外。信息处理者应当采取技术措施和其他必要措施，确保其收集、存储的个人信息安全，防止信息泄露、篡改、丢失；发生或者可能发生个人信息泄露、篡改、丢失的，应当及时采取补救措施，按照规定告知自然人并向有关主管部门报告。”

关于个人信息受法律保护，我国法律已经明确规定并逐步完善，在此提醒能够接触到个人信息的网络服务者或其他组织，在收集到个人信息之后，一定要妥善保管，防止个人信息泄露或丢失。同时也提醒广大读者，一定要保护好个人信息，在丢弃载有个人信息的资料时，如快递包装盒等，一定注意将个人信息撕掉，避免被不法分子收集、使用。

相关法条链接

中华人民共和国网络安全法（节选）

第四十条 网络运营者应当对其收集的用户信息严格保密，并建立健全用户信息保护制度。

第四十一条 网络运营者收集、使用个人信息，应当遵循合法、正当、必要的原则，公开收集、使用规则，明示收集、使用信息的目的、方式和范围，并经被收集者同意。

网络运营者不得收集与其提供的服务无关的个人信息，不得违反法律、行政法规的规定和双方的约定收集、使用个人信息，并应当依照法律、行政法规的规定和与用户的约定，处理其保存的个人信息。

第四十二条 网络运营者不得泄露、篡改、毁损其收集的个人信息；未经被收集者同意，不得向他人提供个人信息。但是，经过处理无法识别特定个人且不能复原的除外。

网络运营者应当采取技术措施和其他必要措施，确保其收集的个人信息安全，防止信息泄露、毁损、丢失。在发生或者可能发生个人信息泄露、毁损、丢失的情况时，应当立即采取补救措施，按照规定及时告知用户并向有关主管部门报告。

第四十三条 个人发现网络运营者违反法律、行政法规的规定或者双方的约定收集、使用其个人信息的，有权要求网络运营者删除其个人信息；发现网络运营者收集、存储的其个人信息有错误的，有权要求网络运营者予以更正。网络运营者应当采取措施予以删除或者更正。

第四十四条 任何个人和组织不得窃取或者以其他非法方式获取个人信息，不得非法出售或者非法向他人提供个人信息。

中华人民共和国民法典（节选）

第一千零三十四条 自然人的个人信息受法律保护。

个人信息是以电子或者其他方式记录的能够单独或者与其他信息结合识别特定自然人的各种信息，包括自然人的姓名、出生日期、身份证件号码、生物识别信息、住址、电话号码、电子邮箱、健康信息、行踪信息等。

个人信息中的私密信息，适用有关隐私权的规定；没有规定的，适用有关个人信息保护的规定。

第一千零三十五条　处理个人信息的，应当遵循合法、正当、必要原则，不得过度处理，并符合下列条件：

（一）征得该自然人或者其监护人同意，但是法律、行政法规另有规定的除外；

（二）公开处理信息的规则；

（三）明示处理信息的目的、方式和范围；

（四）不违反法律、行政法规的规定和双方的约定。

个人信息的处理包括个人信息的收集、存储、使用、加工、传输、提供、公开等。

第一千零三十七条　自然人可以依法向信息处理者查阅或者复制其个人信息；发现信息有错误的，有权提出异议并请求及时采取更正等必要措施。

自然人发现信息处理者违反法律、行政法规的规定或者双方的约定处理其个人信息的，有权请求信息处理者及时删除。

第一千零三十八条　信息处理者不得泄露或者篡改其收集、存储的个人信息；未经自然人同意，不得向他人非法提供其个人信息，但是经过加工无法识别特定个人且不能复原的除外。

信息处理者应当采取技术措施和其他必要措施，确保其收集、存储的个人信息安全，防止信息泄露、篡改、丢失；发生或者可能发生个人信息泄露、篡改、丢失的，应当及时采取补救措施，按照规定告知自然人并向有关主管部门报告。

开车免费搭载他人，发生事故谁承担责任？

在日常生活中，经常会有搭乘他人车辆与他人同行的现象发生，如搭乘同事或朋友的车辆一起去参加会议、参加活动，搭乘邻居家的车辆一起送孩子上学，或者顺路把某人捎到某一站点等。搭乘者与被搭乘者通常是熟人关系，因此，搭乘者提出搭乘车辆的要求，被搭乘者基于人情关系一般不好意思拒绝。那么，在车辆搭乘过程中若发生交通事故，被搭乘一方该不该赔偿呢？下面来看看这个案例①。

2019 年 3 月，袁某驾驶车辆沿高速公路行驶，因前方发生交通事故，道路拥堵，袁某避让不及，与前方重型半挂牵引车追尾，造成车上乘客杨某、李某等人受伤。经交警认定，袁某负此次事故的全部责任。

事故发生后，车上乘客杨某被送往医院治疗，司法鉴定意

---

① 云南省昆明市中级人民法院（2018）云 01 民终 4057 号裁判文书

见书评定为九级伤残。为此，杨某向当地法院提起民事诉讼，要求袁某车辆保险公司赔偿各项损失 28 万余元，不足部分由袁某承担。

杨某诉称，自己与袁某、李某是产品直销、代理工作的上下级关系，李某是杨某的上级代理。这次出车，是外出做产品营销推广活动，利益与李某、袁某息息相关，因此不属于免费搭乘。此外，我国民事法律中没有“好意同乘”可以减轻责任的相关规定，法院不能用道德标准去评判事物，应该严格依法判决。

法院审理查明：袁某、杨某、李某等人相约驾车去进行产品推广，袁某驾驶车辆，杨某、李某等乘坐该车未支付车辆使用费及劳务费用，在途中发生交通事故。

据此，根据《中华人民共和国民法总则》（以下简称“民法总则”）第六条规定：“民事主体从事民事活动，应当遵循公平原则，合理确定各方的权利和义务。”第八条规定：“民事主体从事民事活动，不得违反法律，不得违背公序良俗。”法院认为，对于乘车人而言，好意同乘与乘坐营运车辆有实质性区别，杨某要求李某、袁某承担全部赔偿责任，有违公平以及权利、义务一致原则。最后法院判决确认乘车人杨某的全部损失为 85000 元，袁某车辆保险公司在交强险范围内赔偿 12000 元，超出部分由驾驶员袁某承担 80%，乘车人杨某自担 20%。

顺路无偿搭载他人本是一种互帮互助、符合公序良俗的行为，可一旦出了事故涉及法律纠纷，就需要按照法律规定来划清当事人之间的责任。在法律上，非营运机动车驾驶人无偿搭载乘车人的行为属于好意同乘，但若发生道路交通事故造成损害，要求好意的驾驶人与一般客运合同的承运人承担同样的损害赔偿责任，显然不符合公平原则。

驾驶人在未收取乘车人任何费用的情况下，允许乘车人搭乘其驾驶的机动车，该行为构成好意同乘。驾驶人的行为符合社会道德和绿色出行理念要求，应受到鼓励和支持。发生交通事故后，根据公平原则，应减轻驾驶人的赔偿责任。

“民法典”对此首次予以明确。“民法典”第一千二百一十七条规定：“非营运机动车发生交通事故造成无偿搭乘人损害，属于该机动车一方责任的，应当减轻其赔偿责任，但是机动车使用人有故意或者重大过失的除外。”由此可见，构成“好意同乘”需要符合以下三点要求：一是非营运性，同乘人搭乘的是非营运性机动车辆，营运性机动车辆或者非机动车辆不属于此范围。二是无偿性，“好意同乘”是一种无偿搭乘行为，驾驶人不向同乘人收取报酬。虽然有的同乘人也支付了一定费用，但只要是驾驶人不是以营利为目的，仍属于“好意同乘”的范畴。三是合意性，同乘人的搭乘行为是经驾驶人同意的，包括邀请和允许。未经同意而搭车者，不构成“好意同乘”。

在此提醒读者，“好意同乘”是一种善意施惠、助人为乐的行为，属于互帮互助的传统美德，应为社会所鼓励。“民法典”对此首次进行了规定，填补了法律的空白，既弘扬了社会主义核心价值观，又倡导了助人为乐的新风尚。但是，尽管“民法典”肯定这是一种值得倡导的行为，鉴于机动车本身的危险性，驾驶人即同乘提供者对同乘者的生命财产安全仍负有不可推卸的保护义务，须谨慎驾驶。只是基于其行为的助人性质，在驾驶人存在过失的情况下，依据过错程度，适当减轻其责任；但若是故意或存在重大过失，则不减轻其赔偿责任。

相关法条链接

中华人民共和国民法总则（节选）

第六条　民事主体从事民事活动，应当遵循公平原则，合理确定各方的权利和义务。

第八条　民事主体从事民事活动，不得违反法律，不得违背公序良俗。

中华人民共和国民法典（节选）

第一千二百一十七条　非营运机动车发生交通事故造成无偿搭乘人损害，属于该机动车一方责任的，应当减轻其赔偿责任，但是机动车使用人有故意或者重大过失的除外。

酒后驾车发生交通事故，同饮者是否担责？

亲戚聚餐，朋友聚会，喝点小酒应应景无可厚非，但是如果酒后开车，那就违反了法律规定。因此，在日常的聚餐、聚会中，如果有亲戚朋友饮酒后要开车回家，我们该怎么办？作为一同饮酒者，如果我们没有对亲戚朋友进行劝诫，或者亲戚朋友不听劝诫仍然酒后开车，这时候，发生交通事故，同饮者对交通事故造成的后果是否承担责任呢？

看完下面这则案例①，也许我们就有答案了。

2017 年 12 月 5 日傍晚，小刘约好友小张、小李、小王一起聚餐，席间四人每人喝了两杯白酒、两瓶啤酒。吃完饭，小张要开车回家，小刘、小李、小王劝诫说："你喝酒了，就别再开车了。"小张说："没事，过马路就到家了。"小刘、小

---

① 北京市顺义区人民法院（2018）京 0113 民初 5200 号裁判文书

李、小王三人深知小张的酒量，席间喝的那点酒对小张根本不算什么，于是就没再劝诫。随后，小刘、小李打车回家了，小王则搭乘小张驾驶的轿车一起回家。途中，小张说晚上没喝好，提议找个饭店再去喝点，于是二人找了一家离家较近的饭店喝酒。其间，二人再次喝了数瓶啤酒。时间已至深夜，二人也喝得差不多了。准备上车回家时，小王劝诫小张说："这里离家不远，你喝酒了，别开车。"小张没说话就上了车，小王也就没再说什么，跟着上了车。

喝完酒的小张开车载着小王回家，没想到路上出了车祸，小张的车辆撞到道路中心隔离护栏，后又撞向道路南侧路灯杆，小王受伤，小张经医院抢救无效死亡。

后经检测，发生交通事故时，小张体内血液酒精含量为227.4mg/100mL，属于醉酒驾车。对于这起交通事故，交通管理部门出具的事故认定书认定：小张负全部责任，小王无责任。

小张酒后驾车发生交通事故，那么，作为同饮者的小刘、小李、小王，是否承担责任呢？

《中华人民共和国道路交通安全法》第九十一条对饮酒后驾驶机动车应当承担的法律责任做了明确规定。小张作为完全民事行为能力人，应当具有驾驶机动车的安全意识和注意义务，其饮酒后开车回家，无视饮酒禁止开车的法律规定，以及酒后开车的危害性，放任醉酒驾车后果，其自身具有重大过错，应当对自身的死亡承担主要责任。朋友之间聚餐饮酒是正常的社会交往活动，小刘作为聚餐组织者，小李及小王作为共同饮酒者，对饮酒后的小张负有照顾、保护等合理范围内的安全注意义务。当晚聚餐结束后，小刘、小李、小王对小张酒后驾车的不当行为只是进行了简单的劝诫，并未尽到合理的制止义务，况且小王还存在与小张再次饮酒的行为，其三人的行为对小张酒后驾车出现交通事故存在一定过错，对其死亡应承担相应的赔偿责任。

我国“侵权责任法”第六条明确规定：“行为人因过错侵害他人民事权益，应当承担侵权责任。根据法律规定推定行为人有过错，行为人不能证明自己没有过错，应当承担侵权责任。”在这个案例中，小王与小张家属达成和解，赔偿 10 万元，小刘和小李经过法院判决，分别向小张家属赔偿 2. 6 万元和 1. 7 万元。

俗话说“无酒不成局”。但我们也要记住，酒后驾车害人害己。在这起案件中，小张的孩子只有 8 个月大，孩子还未长大就失去了父亲，作为共同饮酒者的小刘、小李、小王也要为这起交通事故“买单”。酒后驾车，一旦发生交通事故，轻者财产遭受损失、身体受伤，重者失去生命、家庭破碎。最主要的是，酒后驾车还是一种违法行为，不仅会受到行政处罚，严重者还可能面临牢狱之灾。

在此提醒读者，在日常生活中，我们不仅要自己做到“开车不喝酒，喝酒不开车”，还要制止一同饮酒的朋友开车，这种制止不能仅仅是口头上的劝阻，可以为朋友叫代驾或者通知其家属前来，以防患于未然。

相关法条链接

中华人民共和国民法典（节选）

第一千一百六十五条 行为人因过错侵害他人民事权益造成损害的，应当承担侵权责任。

依照法律规定推定行为人有过错，其不能证明自己没有过错的，应当承担侵权责任。

第一千一百七十三条 被侵权人对同一损害的发生或者扩大有过错的，可以减轻侵权人的责任。

第一千一百七十九条 侵害他人造成人身损害的，应当赔偿医疗费、护理费、交通费、营养费、住院伙食补助费等为治疗和康复支出的合理费用，以及因误工减少的收入。造成残疾的，还应当赔偿辅助器具费和残疾赔偿金；造成死亡的，还应当赔偿丧葬费和死亡赔偿金。

最高人民法院关于审理人身损害赔偿案件适用法律若干问题的解释（2020 修正）（节选）

第六条 医疗费根据医疗机构出具的医药费、住院费等收款凭证，结合病历和诊断证明等相关证据确定。赔偿义务人对治疗的必要性和合理性有异议的，应当承担相应的举证责任。

医疗费的赔偿数额，按照一审法庭辩论终结前实际发生的数额确定。器官功能恢复训练所必要的康复费、适当的整容费以及其他后续治疗费，赔偿权利人可以待实际发生后另行起诉。但根据医疗证明或者鉴定结论确定必然发生的费用，可以与已经发生的医疗费一并予以赔偿。

第七条 误工费根据受害人的误工时间和收入状况确定。

误工时间根据受害人接受治疗的医疗机构出具的证明确定。受害人因伤致残持续误工的，误工时间可以计算至定残日前一天。

受害人有固定收入的，误工费按照实际减少的收入计算。受害人无固定收入的，按照其最近三年的平均收入计算；受害人不能举证证明其最近三年的平均收入状况的，可以参照受诉法院所在地相同或者相近行业上一年度职工的平均工资计算。

第八条 护理费根据护理人员的收入状况和护理人数、护理期限确定。

护理人员有收入的，参照误工费的规定计算；护理人员没有收入或者雇佣护工的，参照当地护工从事同等级别护理的劳务报酬标准计算。护理人员原则上为一人，但医疗机构或者鉴定机构有明确意见的，可以参照确定护理人员人数。

护理期限应计算至受害人恢复生活自理能力时止。受害人因残疾不能恢复生活自理能力的，可以根据其年龄、健康状况等因素确定合理的护理期限，但最长不超过二十年。

受害人定残后的护理，应当根据其护理依赖程度并结合配制残疾辅助器具的情况确定护理级别。

第九条 交通费根据受害人及其必要的陪护人员因就医或者转院治疗实际发生的费用计算。交通费应当以正式票据为凭；有关凭据应当与就医地点、时间、人数、次数相符合。

第十条 住院伙食补助费可以参照当地国家机关一般工作人员的出差伙食补助标准予以确定。

受害人确有必要到外地治疗，因客观原因不能住院，受害人本人及其陪护人员实际发生的住宿费和伙食费，其合理部分应予赔偿。

第十一条 营养费根据受害人伤残情况参照医疗机构的意见确定。

中华人民共和国道路交通安全法（节选）

第二十二条 机动车驾驶人应当遵守道路交通安全法律、法规的规定，按照操作规范安全驾驶、文明驾驶。

饮酒、服用国家管制的精神药品或者麻醉药品，或者患有妨碍安全驾驶机动车的疾病，或者过度疲劳影响安全驾驶的，不得驾驶机动车。

任何人不得强迫、指使、纵容驾驶人违反道路交通安全法律、法规和机动车安全驾驶要求驾驶机动车。

第九十一条 饮酒后驾驶机动车的，处暂扣六个月机动车驾驶证，并处一千元以上二千元以下罚款。因饮酒后驾驶机动车被处罚，再次饮酒后驾驶机动车的，处十日以下拘留，并处一千元以上二千元以下罚款，吊销机动车驾驶证。

醉酒驾驶机动车的，由公安机关交通管理部门约束至酒醒，吊销机动车驾驶证，依法追究刑事责任；五年内不得重新取得机动车驾驶证。

饮酒后驾驶营运机动车的，处十五日拘留，并处五千元罚款，吊销机动车驾驶证，五年内不得重新取得机动车驾驶证。

醉酒驾驶营运机动车的，由公安机关交通管理部门约束至酒醒，吊销机动车驾驶证，依法追究刑事责任；十年内不得重新取得机动车驾驶证，重新取得机动车驾驶证后，不得驾驶营运机动车。

饮酒后或者醉酒驾驶机动车发生重大交通事故，构成犯罪的，依法追究刑事责任，并由公安机关交通管理部门吊销机动车驾驶证，终生不得重新取得机动车驾驶证。

网友辱骂他人，网络服务提供者是否担责？

随着科技和网络技术的不断发展，互联网自媒体快速发展，使人们自由表达的实现途径更加多元化，但也使对个人名誉的保护以及生活安宁的维护变得更困难，这就需要我们每一个人必须在法律框架下行使言论自由权。如果我们的合法权益在互联网上被他人侵犯，该如何维权呢？看下面这个案例①。

张某著有《某玉器》一书，在一家网站刊登，共有 710 人评价，短评 306 条，张某认为其中的 49 条短评侵犯了其名誉权。2018 年 11 月 28 日，张某通过电子邮箱向北京某网公司发送投诉函，具体内容包括：我是作家、学者张某，《某玉器》的作者，这是我的正式投诉函。2018 年 11 月 23 日起有

① 北京互联网法院（2019）京 0491 民初 2444 号裁判文书、北京市第四中级人民法院（2020）京 04 民终 5 号裁判文书

人在某网站读书栏目中，组织、煽动约三百多名网站用户对我的著作《某玉器》发起恶意攻击，此次恶意攻击事件的发起者和附和者，对我和相关出版社、利益方造成非法侵害。我向贵公司正式投诉这起非法的恶意攻击事件，希望贵公司向我提供发起者艾瑞克和主要附和者的真实身份信息及联系方式，便于我按照法律程序进行维权。同日，北京某网公司回复张某："我们会尽快核实上述内容。同时，网站注重依法保护用户隐私信息，我们无法直接告知账号注册信息，建议先联系有关国家机关，在有关国家机关依法调查取证时，我方会依法配合。"诉讼中，北京某网公司删除了上述 49 条短评中的 40 条，仍有 9 条短评未删除。另外，法院应张某的申请向北京某网公司发送协助调查函后，北京某网公司提供了发布涉案短评的网络用户的昵称、UID、邮箱、手机号码等真实信息，法院将上述信息送达给了张某。

法院认为，根据"侵权责任法"第三十六条规定："网络用户、网络服务提供者利用网络侵害他人民事权益的，应当承担侵权责任。网络用户利用网络服务实施侵权行为的，被侵权人有权通知网络服务提供者采取删除、屏蔽、断开链接等必要措施。网络服务提供者接到通知后未及时采取必要措施的，对损害的扩大部分与该网络用户承担连带责任。网络服务提供者知道网络用户利用其网络服务侵害他人民事权益，未采取必要措施的，与该网络用户承担连带责任。"北京某网公司虽然不是辱骂张某的网络用户和直接侵权人，但是其作为网站的经营者对平台负有管理义务。北京某网公司在制定的“网站使用协议”“社区指导原则”中明确承诺：对于明显违反国家法律法规、违反公序良俗和明显有悖“网站使用协议”“社区指导原则”的内容应予管理。然而，北京某网公司在被侵权人投诉前对存在的侵权信息没有尽到实时巡查、审慎审核的义务；在收到被侵权人的投诉后也未采取必要措施制止侵权内容的传播和扩散，而是在张某起诉后才陆续删除涉案侵权信息，客观上造成侵权损害的扩大。因北京某网公司在一审审理中未申请追加网络用户作为共同被告或者第三人，故北京某网公司应对张某名誉权损害的扩大部分承担侵权责任。最终，法院判决北京某网公司于判决生效之日起七日内在网站读书栏目连续七日置顶登载致歉声明，向张某公开赔礼道歉，并向张某赔偿精神损害抚慰金 5000 元及合理支出费用 21600 元，共计 26600 元。

“民法典”针对“侵权责任法”第三十六条亦进行了修订，明确了通知应当包括构成侵权的初步证据及权利人的真实身份信息，网络服务提供者应当根据构成侵权的初步证据和服务类型采取必要措施，并增加了权利人因错误通知造成网络用户或者网络服务提供者损害的，应当承担侵权责任。

在此提醒读者，公民的名誉权受法律保护，网络平台并非法外之地，公民在网络空间开展社交活动时，同样需要遵守法律法规，不能为所欲为。否则，就有可能构成对他人权利的侵害，要承担相应的侵权责任。如果网络平台任由这种侵权行为发生而坐视不管，同样要承担相应的侵权责任。

相关法条链接

中华人民共和国侵权责任法（节选）

第二条 侵害民事权益，应当依照本法承担侵权责任。

本法所称民事权益，包括生命权、健康权、姓名权、名誉权、荣誉权、肖像权、隐私权、婚姻自主权、监护权、所有权、用益物权、担保物权、著作权、专利权、商标专用权、发现权、股权、继承权等人身、财产权益。

第十五条 承担侵权责任的方式主要有：

（一）停止侵害；

（二）排除妨碍；

（三）消除危险；

（四）返还财产；

（五）恢复原状；

（六）赔偿损失；

（七）赔礼道歉；

（八）消除影响、恢复名誉。

以上承担侵权责任的方式，可以单独适用，也可以合并适用。

第三十六条 网络用户、网络服务提供者利用网络侵害他人民事权益的，应当承担侵权责任。

网络用户利用网络服务实施侵权行为的，被侵权人有权通知网络服务提供者采取删除、屏蔽、断开链接等必要措施。网络服务提供者接到通知后未及时采取必要措施的，对损害的扩大部分与该网络用户承担连带责任。

网络服务提供者知道网络用户利用其网络服务侵害他人民事权益，未采取必要措施的，与该网络用户承担连带责任。

中华人民共和国民法典（节选）

第九百九十条 人格权是民事主体享有的生命权、身体权、健康权、姓名权、名称权、肖像权、名誉权、荣誉权、隐私权等权利。

除前款规定的人格权外，自然人享有基于人身自由、人格尊严产生的其他人格权益。

第一千一百九十四条 网络用户、网络服务提供者利用网络侵害他人民事权益的，应当承担侵权责任。法律另有规定的，依照其规定。

第一千一百九十五条 网络用户利用网络服务实施侵权行为的，权利人有权通知网络服务提供者采取删除、屏蔽、断开链接等必要措施。通知应当包括构成侵权的初步证据及权利人的真实身份信息。

网络服务提供者接到通知后，应当及时将该通知转送相关网络用户，并根据构成侵权的初步证据和服务类型采取必要措施；未及时采取必要措施的，对损害的扩大部分与该网络用户承担连带责任。

权利人因错误通知造成网络用户或者网络服务提供者损害的，应当承担侵权责任。法律另有规定的，依照其规定。

第一千一百九十六条 网络用户接到转送的通知后，可以向网络服务提供者提交不存在侵权行为的声明。声明应当包括不存在侵权行为的初步证据及网络用户的真实身份信息。

网络服务提供者接到声明后，应当将该声明转送发出通知的权利人，并告知其可以向有关部门投诉或者向人民法院提起诉讼。网络服务提供者在转送声明到达权利人后的合理期限内，未收到权利人已经投诉或者提起诉讼通知的，应当及时终止所采取的措施。

第一千一百九十七条 网络服务提供者知道或者应当知道网络用户利用其网络服务侵害他人民事权益，未采取必要措施的，与该网络用户承担连带责任。

燃放烟花爆竹使他人受伤害，责任谁来承担？

“爆竹声中一岁除，春风送暖入屠苏”“爆竹声中度岁忙，椒花杯上换春阳”。自古以来，在鞭炮声中辞旧岁、迎新年，是中华民族传统的过年习俗。然而，每到春节，因燃放烟花爆竹导致人员伤亡的事故就屡有发生。发生人员伤亡事故后，谁应当对事故造成的后果担责呢？读完下面这个案例①，也许我们就能从中获得答案。

2018 年大年三十晚上九点多，小刘约上好友七人一起燃放烟花爆竹。他们觉得同时点燃烟花爆竹会很好看，遂决定同时燃放。在点燃烟花后，八人在一旁的安全地带躲避。过了一会儿，小刘认为烟花已燃放完毕，遂上前准备继续燃放其他烟

---

① 天津市东丽区人民法院（2017）津 0110 民初 5394 号裁判文书、天津市第二中级人民法院（2018）津 02 民终 2950 号裁判文书

花爆竹，但在他弯腰准备点燃爆竹时被之前燃放的烟花炸伤左眼。小刘受伤后立即前往医院治疗，为此支付了高额医疗费。出院后，小刘与好友协商赔偿事宜，但七人均不认可是自己燃放的烟花导致小刘左眼受伤。无奈之下，小刘将七名好友诉至法院。

众所周知，烟花爆竹具有高度危险性，这就要求燃放者在燃放过程中，必须尽到高度注意义务，采取安全保障措施，防止对人身或财产造成损害。法院经审理认为，小刘与其好友是具有完全民事行为能力的人，在公共场合燃放鞭炮的行为具有相当的危险性，小刘与其好友应当预见其行为可能会对他人造成人身损害。此外，燃放烟花爆竹具有高度危险性，符合高度危险责任的特征，应当适用侵权责任法中的无过错责任原则。也就是说，在这起事故中，无论小刘与其朋友是否存在过错，都应当承担高度危险物致人损害造成的侵权责任。

法庭上，小刘与其好友对于小刘在燃放烟花爆竹时受伤均无异议，但是对于应该由谁来承担赔偿责任存在较大分歧。部分好友认为，小刘是被自己携带的烟花爆竹炸伤的，与他们无关；部分好友认为，小刘自己存在过错，也应承担相应的责任。

由于法庭上小刘与其好友对于小刘受伤的事实没有争议，也就证明小刘的伤情与燃放烟花爆竹的高度危险行为具有直接因果关系。根据我国“侵权责任法”第十条规定：“二人以上实施危及他人人身、财产安全的行为，其中一人或者数人的行为造成他人损害，能够确定具体侵权人的，由侵权人承担责任；不能确定具体侵权人的，行为人承担连带责任。”据此可知，这起案件中小刘与七名好友一同燃放烟花爆竹的行为属于共同危险行为，由于不能确定具体侵权人，因此应当由全部行为人承担连带责任。

鉴于小刘明知燃放烟花爆竹具有高度危险性，其应加强自我保护，在未能确认烟花爆竹是否已经全部燃放的情况下，就离开安全地带，导致自身受伤，小刘也应承担部分责任。最终，法院按照小刘与其好友主观过错程度，确定由小刘的七名好友共同承担70%的赔偿责任，向小刘赔偿各种费用10万余元，小刘承担30%的赔偿责任。

过年本是喜庆的事情，朋友相聚在一起也是为了热闹，然而由于没有尽到安全注意义务，小刘与其朋友们因燃放烟花爆竹走上了对簿公堂之路。在此提醒大家，春节期间燃放烟花爆竹，一定要注意安全。根据《北京市烟花爆竹安全管理规定》，北京市五环路以内的地区为禁止燃放烟花爆竹地区。五环路以外区域，区人民政府应当根据维护公共安全和公共利益的需要，划定禁止或者限制燃放烟花爆竹的区域。限制燃放烟花爆竹的区域，农历除夕至正月初一，正月初二至十五每日的七时至二十四时，可以燃放烟花爆竹，其他时间不得燃放烟花爆竹。如果大家想在春节期间燃放烟花爆竹，首先要注意安全，其次要遵守禁止、限制燃放烟花爆竹的规定，否则，就可能会受到行政处罚，严重的，还可能被追究刑事责任。

相关法条链接

中华人民共和国侵权责任法（节选）

第六条 行为人因过错侵害他人民事权益，应当承担侵权责任。

根据法律规定推定行为人有过错，行为人不能证明自己没有过错的，应当承担侵权责任。

第十条 二人以上实施危及他人人身、财产安全的行为，其中一人或者数人的行为造成他人损害，能够确定具体侵权人的，由侵权人承担责任；不能确定具体侵权人的，行为人承担连带责任。

第十四条 连带责任人根据各自责任大小确定相应的赔偿数额；难以确定责任大小的，平均承担赔偿责任。

支付超出自己赔偿数额的连带责任人，有权向其他连带责任人追偿。

第十六条 侵害他人造成人身损害的，应当赔偿医疗费、护理费、交通费等为治疗和康复支出的合理费用，以及因误工减少的收入。造成残疾的，还应当赔偿残疾生活辅助具费和残疾赔偿金。造成死亡的，还应当赔偿丧葬费和死亡赔偿金。

第二十二条 侵害他人人身权益，造成他人严重精神损害的，被侵权人可以请求精神损害赔偿。

最高人民法院关于审理人身损害赔偿案件适用法律若干问题的解释（2020修正）（节选）

第六条 医疗费根据医疗机构出具的医药费、住院费等收款凭证，结合病历和诊断证明等相关证据确定。赔偿义务人对治疗的必要性和合理性有异议的，应当承担相应的举证责任。

医疗费的赔偿数额，按照一审法庭辩论终结前实际发生的数额确定。器官功能恢复训练所必要的康复费、适当的整容费以及其他后续治疗费，赔偿权利人可以待实际发生后另行起诉。但根据医疗证明或者鉴定结论确定必然发生的费用，可以与已经发生的医疗费一并予以赔偿。

第七条 误工费根据受害人的误工时间和收入状况确定。

误工时间根据受害人接受治疗的医疗机构出具的证明确定。受害人因伤致残持续误工的，误工时间可以计算至定残日前一天。

受害人有固定收入的，误工费按照实际减少的收入计算。受害人无固定收入的，按照其最近三年的平均收入计算；受害人不能举证证明其最近三年的平均收入状况的，可以参照受诉法院所在地相同或者相近行业上一年度职工的平均工资计算。

第八条 护理费根据护理人员的收入状况和护理人数、护理期限确定。

护理人员有收入的，参照误工费的规定计算；护理人员没有收入或者雇佣护工的，参照当地护工从事同等级别护理的劳务报酬标准计算。护理人员原则上为一人，但医疗机构或者鉴定机构有明确意见的，可以参照确定护理人员人数。

护理期限应计算至受害人恢复生活自理能力时止。受害人因残疾不能恢复生活自理能力的，可以根据其年龄、健康状况等因素确定合理的护理期限，但最长不超过二十年。

受害人定残后的护理，应当根据其护理依赖程度并结合配制残疾辅助器具的情况确定护理级别。

第九条 交通费根据受害人及其必要的陪护人员因就医或者转院治疗实际发生的费用计算。交通费应当以正式票据为凭；有关凭据应当与就医地点、时间、人数、次数相符合。

第十条 住院伙食补助费可以参照当地国家机关一般工作人员的出差伙食补助标准予以确定。

受害人确有必要到外地治疗，因客观原因不能住院，受害人本人及其陪护人员实际发生的住宿费和伙食费，其合理部分应予赔偿。

第十一条 营养费根据受害人伤残情况参照医疗机构的意见确定。

最高人民法院关于确定民事侵权精神损害赔偿责任若干问题的解释（2020修正）（节选）

第一条 因人身权益或者具有人身意义的特定物受到侵害，自然人或者其近亲属向人民法院提起诉讼请求精神损害赔偿的，人民法院应当依法予以受理。

家事篇

解惑老百姓身边的法律问题

只办酒席没领结婚证，“夫妻”财产如何分割？

在日常生活中，很多人都把一个盛大的结婚仪式当作自己婚姻生活的开始。但是，如果只举行结婚仪式而没有领结婚证，算法律意义上的结婚吗？如果不算，“夫妻”二人财产如何分割？

读完下面这个案例，也许我们就有答案了。

小王和同村的女孩小张是初、高中同学，两家距离不远，平时关系也很好，高中毕业后二人都没有考上大学，于是回到村里务农。两家人看二人年龄相仿，又见他们情投意合，于是征得孩子们同意后，打算结为亲家。

两家正在筹备婚礼的时候，小王和小张决定外出打工。于是他们在没有领结婚证的前提下，于2018年国庆节期间在村里办了酒席，举行了婚礼，然后就匆匆外出了。小王的父亲为了让儿子婚后有独立的住所，2019年1月全款为小王在县城买了一套90平方米的商品房，登记在小王名下。简单装修后一直空着，等小王和小张打工回来搬进去住。

两年后，小王和小张回到村里，由于感情基础不稳，二人时常吵架，久而久之，矛盾越来越深，且一直没有解决好感情问题，于是小张提出了离婚，并要求分割小王父亲在县城买的商品房。

小张认为，她与小王在村里摆了酒席，且两年来一直生活在一起，村里人都知道他们是夫妻。在他们办酒席后，小王父亲在县城买的商品房应属于夫妻共同财产，离婚时应有自己一份。小王则认为，二人只是办了酒席，根本没有领结婚证，不是法律意义上的夫妻，房子登记在他的名下，不是夫妻共同财产。

只办酒席不领结婚证，能算结婚吗？按当时《中华人民共和国婚姻法》（以下简称“婚姻法”）第八条明确规定：“要求结婚的男女双方必须亲自到婚姻登记机关进行结婚登记。符合本法规定的，予以登记，发给结婚证。取得结婚证，即确立夫妻关系。未办理结婚登记的，应当补办登记。”“民法典”第一千零四十九条明确规定：“要求结婚的男女双方应当亲自到婚姻登记机关申请结婚登记。符合本法规定的，予以登记，发给结婚证。完成结婚登记，即确立婚姻关系。未办理结婚登记的，应当补办登记。”由此可见，在我国，结婚登记是使婚姻合法有效的法定程序，只有办理了结婚登记手续，取得了结婚证，婚姻关系才能成立，才是合法夫妻，受法律保护。

上述案例中，小王和小张举行了婚礼，在村里办了酒席，二人也一起共同生活了两年多，但由于他们没有履行法定的婚姻登记程序，即使其他人都认为他们是夫妻关系，也无法得到法律的认可，当然也就不能享受法律对夫妻关系相关权利的保护。

因此，小王和小张虽然办了酒席，且一起共同生活两年多，但他们没有办理结婚登记，只能算作同居关系，而同居关系是不受我国相关法律保护的，也不适用法律关于夫妻离婚的相关规定。既然二人不存在法定的婚姻关系，那么小王父亲为小王购买的房子就应当属于小王的个人财产，小张要求按夫妻共同财产对该房子进行分割的主张，难以得到支持。

如果小王和小张还有其他财产需要分割，应当按各自归属的份额分割，无法进行分割的财产，双方可以协商归一方所有，获得该财产的一方对另一方进行适当的补偿。

婚姻是人生一辈子的大事，成功的婚姻可以让家庭走向幸福，而失败的婚姻会给家庭生活造成不幸。当前，随着社会的发展以及许多年轻人婚恋观念的转变，未婚同居现象越来越多。在此提醒大家，未经结婚登记以夫妻名义同居生活的，婚姻关系是无效的，不受我国法律保护。也就是说，只办酒席不领结婚证，不能算法律意义上的结婚。当然，如果要让这种办了酒席没领结婚证的同居关系变成合法的婚姻关系，那就必须按照相关法律的规定，及时去补办结婚登记手续。

相关法条链接

中华人民共和国婚姻法（节选）

第八条 要求结婚的男女双方必须亲自到婚姻登记机关进行结婚登记。符合本法规定的，予以登记，发给结婚证。取得结婚证，即确立夫妻关系。未办理结婚登记的，应当补办登记。

最高人民法院关于适用《中华人民共和国民法典》婚姻家庭编的解释（一）（节选）

第三条 当事人提起诉讼仅请求解除同居关系的，人民法院不予受理；已经受理的，裁定驳回起诉。

当事人因同居期间财产分割或者子女抚养纠纷提起诉讼的，人民法院应当受理。

第二十二条 被确认无效或者被撤销的婚姻，当事人同居期间所得的财产，除有证据证明为当事人一方所有的以外，按共同共有处理。

最高人民法院关于人民法院审理未办结婚登记而以夫妻名义同居生活案件的若干意见（节选）

8. 人民法院审理非法同居关系的案件，如涉及非婚生子女抚养和财产分割问题，应一并予以解决。具体分割财产时，应照顾妇女、儿童的利益，考虑财产的实际情况和双方的过错程度，妥善分割。

9. 解除非法同居关系时，双方所生的非婚生子女，由哪一方抚养，双方协商；协商不成时，应根据子女的利益和双方的具体情况判决。哺乳期内的子女，原则上应由母方抚养，如父方条件好，母方同意，也可由父方抚养。子女为限制民事行为能力人的，应征求子女本人的意见。一方将未成年的子女送他人收养，须征得另一方的同意。

10. 解除非法同居关系时，同居生活期间双方共同所得的收入和购置的财产，按一般共有财产处理。同居生活前，一方自愿赠送给对方的财物可比照赠与关系处理；一方向另一方索取的财物，可参照最高人民法院〔84〕法办字第112号《关于贯彻执行民事政策法律若干问题的意见》第（18）条规定的精神处理。

11. 解除非法同居关系时，同居期间为共同生产、生活而形成的债权、债务，可按共同债权、债务处理。

12. 解除非法同居关系时，一方在共同生活期间患有严重疾病未治愈的，分割财产时，应予适当照顾，或者由另一方给予一次性的经济帮助。

13. 同居生活期间一方死亡，另一方要求继承死者遗产，如认定为事实婚姻关系的，可以配偶身份按继承法的有关规定处理；如认定为非法同居关系，而又符合继承法第十四条规定的，可根据相互扶助的具体情况处理。

中华人民共和国物权法（节选）

第一百零三条 共有人对共有的不动产或者动产没有约定为按份共有或者共同共有，或者约定不明确的，除共有人具有家庭关系等外，视为按份共有。

中华人民共和国民法典（节选）

第三百零八条 共有人对共有的不动产或者动产没有约定为按份共有或者共同共有，或者约定不明确的，除共有人具有家庭关系等外，视为按份共有。

第一千零四十九条 要求结婚的男女双方应当亲自到婚姻登记机关申请结婚登记。符合本法规定的，予以登记，发给结婚证。完成结婚登记，即确立婚姻关系。未办理结婚登记的，应当补办登记。

第一千零五十四条　无效的或者被撤销的婚姻自始没有法律约束力，当事人不具有夫妻的权利和义务。同居期间所得的财产，由当事人协议处理；协议不成的，由人民法院根据照顾无过错方的原则判决。对重婚导致的无效婚姻的财产处理，不得侵害合法婚姻当事人的财产权益。当事人所生的子女，适用本法关于父母子女的规定。

婚姻无效或者被撤销的，无过错方有权请求损害赔偿。

最高人民法院关于适用《中华人民共和国民法典》婚姻家庭编的解释（一）（节选）

第三条　当事人提起诉讼仅请求解除同居关系的，人民法院不予受理；已经受理的，裁定驳回起诉。

当事人因同居期间财产分割或者子女抚养纠纷提起诉讼的，人民法院应当受理。

第六条　男女双方依据民法典第一千零四十九条规定补办结婚登记的，婚姻关系的效力从双方均符合民法典所规定的结婚的实质要件时起算。

第七条　未依据民法典第一千零四十九条规定办理结婚登记而以夫妻名义共同生活的男女，提起诉讼要求离婚的，应当区别对待：

（一）1994 年 2 月 1 日民政部《婚姻登记管理条例》公布实施以前，男女双方已经符合结婚实质要件的，按事实婚姻处理。

（二）1994 年 2 月 1 日民政部《婚姻登记管理条例》公布实施以后，男女双方符合结婚实质要件的，人民法院应当告知其补办结婚登记。未补办结婚登记的，依据本解释第三条规定处理。

第八条 未依据民法典第一千零四十九条规定办理结婚登记而以夫妻名义共同生活的男女，一方死亡，另一方以配偶身份主张享有继承权的，依据本解释第七条的原则处理。

第二十二条 被确认无效或者被撤销的婚姻，当事人同居期间所得的财产，除有证据证明为当事人一方所有的以外，按共同共有处理。

伴侣婚前隐瞒重大疾病，怎么办?

“我愿意她成为我的妻子，无论富裕贫穷、疾病还是健康都彼此相爱、珍惜，只有死亡才能将我们分开。”这句常出现在影视剧中的婚姻誓词，常常令人心动不已。然而，当你结婚后憧憬美好与幸福生活时，却发现另一半罹患重大疾病，且婚前有意隐瞒，此时你认为这段婚姻还有效吗?读完下面这则案例，也许就有答案了。

2017 年，张先生与叶女士经人介绍认识，相识 3 个月后，两人走进了婚姻殿堂。结婚登记之前，两人接触很少，对彼此情况不太了解。结婚半年后，叶女士怀孕流产。受此打击，叶女士突然精神失常，胡言乱语，后送入医院治疗，这时张先生才发现妻子患有间歇性精神疾病。原来，叶女士婚前就患有严重的间歇性精神疾病，精神异常 7 年有余。其间，病情动辄发作，多次入院治疗。在与张先生结婚前，叶女士精神还算正常，但不能受到外界刺激。叶女士及其家人本想将这一病情隐瞒下来，没想到受到怀孕流产的影响，叶女士的病情又发作了，其父母也承认女儿婚前患有间歇性精神疾病并隐瞒了这一病情。张先生对此无法忍受，打算向法院提起诉讼，要求认定他与叶女士的婚姻无效。张先生认为，妻子婚前患有医学上认为不应当结婚的疾病，婚后尚未治愈，依据当时“婚姻法”有关规定，二人的婚姻关系应为无效。

隐瞒疾病结婚，婚姻无效吗？无效婚姻与离婚有哪些区别呢？婚姻被判无效后，双方的财产如何处理？如果婚后有孩子，孩子又该如何处理？

根据我国法律规定，无效婚姻是指违反婚姻成立条件的违法婚姻。“婚姻法”第十条规定：“有下列情形之一的，婚姻无效：（一）重婚的；（二）有禁止结婚的亲属关系的；（三）婚前患有医学上认为不应当结婚的疾病，婚后尚未治愈的；（四）未到法定婚龄的。”上面这个案例中，由于叶女士婚前患有医学上认为不应当结婚的疾病，婚后仍未治愈，因此符合上述法律规定，张先生与叶女士的婚姻可以认定为无效。“婚姻法”第十二条中也明确规定：“无效婚姻或被撤销的婚姻，自始无效。当事人不具有夫妻的权利和义务”。可见，无效婚姻制度是对欠缺婚姻成立条件的婚姻，确认其不具有婚姻的法律效力的制度，它对保障婚姻的合法成立、预防和减少婚姻纠纷、制裁违法婚姻行为具有重要意义。

无效婚姻与离婚在法律上截然不同，其明显区别体现在财产分割问题上。无效婚姻的当事人同居期间的财产归各自所有，而离婚将按夫妻共同财产进行分割。另外，无效婚姻情况中所生的子女为非婚生子女，而离婚情况中的子女是婚生子女。也正因为有以上区别，张先生才会和叶女士为此而发生纠纷。

根据“婚姻法”第十二条的规定，无效婚姻对财产问题的处理办法：首先是当事人协商解决，解决的原则是个人的财产仍归个人所有；协商不成，则照顾无过错方。婚姻被判定无效后，所生子女为非婚生子女，但双方当事人仍应当承担父母对子女的义务，享受相应权利。

值得注意的是，“民法典”施行后，婚姻无效仅限定在重婚、有禁止结婚的亲属关系以及未到法定婚龄这三种情形。而对一方患有重大疾病婚前没有如实告知的情形，《民法典》规定另一方当事人可以向人民法院请求撤销婚姻，并规定了请求撤销婚姻的期限是知道或者应当知道撤销事由之日起一年内提出。但不管是无效婚姻还是被撤销的婚姻，都是自始没有法律约束力，当事人自始不具有夫妻之间的权利和义务。

在此提醒大家，婚姻是人生大事，结婚之前双方一定要彼此了解清楚，否则，本该幸福的生活就会蒙上一层痛苦的阴影。此外，需要注意的是，我国的无效婚姻和可撤销婚姻只能通过诉讼的方式，由法院来宣告，其他任何单位和个人，包括婚姻登记管理机关（即使双方当事人均无异议），都无权进行无效婚姻和可撤销婚姻的宣告。

相关法条链接

中华人民共和国婚姻法（节选）

第十条 有下列情形之一的，婚姻无效：

（一）重婚的；

（二）有禁止结婚的亲属关系的；

（三）婚前患有医学上认为不应当结婚的疾病，婚后尚未治愈的；

（四）未到法定婚龄的。

第十二条 无效或被撤销的婚姻，自始无效。当事人不具有夫妻的权利和义务。同居期间所得的财产，由当事人协议处理；协议不成时，由人民法院根据照顾无过错方的原则判决。对重婚导致的婚姻无效的财产处理，不得侵害合法婚姻当事人的财产权益。当事人所生的子女，适用本法有关父母子女的规定。

最高人民法院关于适用《中华人民共和国民法典》婚姻家庭编的解释（一）（节选）

第九条 有权依据民法典第一千零五十一条规定向人民法

院就已办理结婚登记的婚姻请求确认婚姻无效的主体，包括婚姻当事人及利害关系人。其中，利害关系人包括：

（一）以重婚为由的，为当事人的近亲属及基层组织；

（二）以未到法定婚龄为由的，为未到法定婚龄者的近亲属；

（三）以有禁止结婚的亲属关系为由的，为当事人的近亲属。

中华人民共和国民法典（节选）

第一千零五十一条 有下列情形之一的，婚姻无效：

（一）重婚；

（二）有禁止结婚的亲属关系；

（三）未到法定婚龄。

第一千零五十三条 一方患有重大疾病的，应当在结婚登记前如实告知另一方；不如实告知的，另一方可以向人民法院请求撤销婚姻。

请求撤销婚姻的，应当自知道或者应当知道撤销事由之日起一年内提出。

第一千零五十四条 无效的或者被撤销的婚姻自始没有法律约束力，当事人不具有夫妻的权利和义务。同居期间所得的财产，由当事人协议处理；协议不成的，由人民法院根据照顾无过错方的原则判决。对重婚导致的无效婚姻的财产处理，不得侵害合法婚姻当事人的财产权益。当事人所生的子女，适用本法关于父母子女的规定。

婚姻无效或者被撤销的，无过错方有权请求损害赔偿。

房屋上设立的居住权，能否对抗遗嘱继承？

“安土重迁”的传统观念让中国人对房子一直有一种莫名的执着，“住有所居、居有所安”也因此成为很多人一生的追求。2020 年 5 月 28 日通过的“民法典”正式将“居住权”作为一项全新的权利写入法律，从此以后“居者有其屋”又多了一种新形式。那么什么是居住权？房屋上设立的居住权，能否对抗遗嘱继承？不妨看看下面这个案例①。

高某与前妻生有一子一女，前妻因病去世后，1993 年高某个人出资购得一处房产。高某与张某于 2006 年 11 月 2 日登记结婚，婚后二人共同居住、生活在高某所购房屋内。2013 年 6 月，高某去世前将该房产通过遗嘱方式留给其孙子小高。小高于 2013 年 9 月取得房屋产权证。此后，小高数次要求张

---

① 《人民司法·案例》2015 年第 18 期

某腾房。而张某称，高某在世时虽然通过遗嘱将该房屋留给小高，但保留了她的居住权。无奈，小高诉至法院，请求法院判令张某立即迁出该房屋。

一审法院认为，小高从其祖父处因遗嘱取得涉案房屋所有权，已实际领取房屋产权证，小高是该房屋的产权人，应当对该房屋享有占有、使用、收益、处分的权利，张某占用小高房屋的行为，已经妨害了小高物权的行使，因此，判令张某于判决生效之日起30日内搬出该房屋。

张某不服提起上诉。二审法院认为，在夫妻一方死亡，另一方又无其他居住房屋的情况下，因婚姻关系产生的居住权益并不因夫妻一方去世而消灭。高某去世后，张某作为其配偶，居住在涉案房屋内的现状应当得到尊重。且高某生前曾在不同场合多次表示，其虽将涉案房屋通过遗嘱方式留给了孙子小高，但张某对涉案房屋享有居住权。故对张某享有居住权的现状应予尊重，小高对物权的行使不得损害张某的合法权益。于是，二审法院撤销了一审法院民事判决，驳回了小高的诉讼请求，张某有生之年可以居住在涉案房屋内。

这是发生在"民法典"出台之前的一起案件，虽然当时我国法律尚没有居住权的相关规定，但司法实践中个别判例已经对主张居住权的诉求进行了支持。那么，到底什么是居住权？居住权又将如何影响我们的生活？

根据"民法典"的规定，居住权是指居住权人对他人住宅的全部或部分所享有占有、使用的用益物权。居住权是用益物权，是一种绝对权利，能对抗所有人对这一权利的侵害行为。如果上述案件发生在“民法典”实施之后，那么高某在去世前就可以通过订立书面居住权合同的方式或者遗嘱方式为张某在该处房屋设立居住权，但前提是必须前往房屋登记机构申请居住权登记，居住权自登记时设立。

“民法典”规定，居住权不得转让、继承。设立居住权的住宅不得出租，但是当事人另有约定的除外。居住权期限届满或者居住权人死亡的，居住权消灭。居住权消灭的，应当及时办理注销登记。可见，在上述案件中，如果张某是该处房屋的居住权人，那么其就可以在该房屋内居住，直到去世，即使小高将该房屋出售，新的房屋所有权人也无权将张某赶走。居住权无疑是有利于保护弱势群体的，让他们居有定所。

司法实践中，男女双方登记结婚，婚前财产归个人所有，涉及房产的，不动产登记权属证明上是否加上另一方的姓名，往往是诱发婚姻家庭矛盾的原因之一。如今居住权的存在，提供了新的解决方案：给另一方居住权，而不用让出所有权，作为夫妻双方的房屋所有权人与房屋居住权人可以双双开启美好生活。

需要提醒的是，2021 年 1 月 1 日“民法典”实施后，大家购买二手房时不仅需要查询房屋的权属、抵押等情况，还需要查询房屋是否登记有居住权。一旦所购买的房屋在不动产登记机构设立了居住权，即便是拿到了房屋产权证，取得了房屋所有权，也无法对抗已设立的居住权。

相关法条链接

中华人民共和国民法典（节选）

第三百六十六条 居住权人有权按照合同约定，对他人的住宅享有占有、使用的用益物权，以满足生活居住的需要。

第三百六十七条 设立居住权，当事人应当采用书面形式订立居住权合同。

居住权合同一般包括下列条款：

（一）当事人的姓名或者名称和住所；

（二）住宅的位置；

（三）居住的条件和要求；

（四）居住权期限；

（五）解决争议的方法。

第三百六十八条 居住权无偿设立，但是当事人另有约定的除外。设立居住权的，应当向登记机构申请居住权登记。居住权自登记时设立。

第三百六十九条 居住权不得转让、继承。设立居住权的住宅不得出租，但是当事人另有约定的除外。

第三百七十条 居住权期限届满或者居住权人死亡的，居住权消灭。居住权消灭的，应当及时办理注销登记。

第三百七十一条 以遗嘱方式设立居住权的，参照适用本章的有关规定。

主张父母生前赡养费，能否获得支持？

“老吾老以及人之老”，先贤孟子早在两千多年前就教导我们：在赡养孝敬自己父母的同时，也要尊重与自己没有亲缘关系的老人。中华传统美德也告诉我们，孝敬父母是为人子女天经地义的责任。然而，现实生活中，不赡养父母、视老人为累赘，甚至走进法院打官司的现象并不少见。下面这个案例[①]就是因为赡养问题，而导致父母去世后，子女还为其生前的赡养费对簿公堂。

张立与张明系两兄弟，张立是哥哥，张明是弟弟。其母亲在世时一直随弟弟张明生活，张明负责母亲的日常饮食起居，直到母亲去世并为其送终。其间，哥哥张立一次也没有探望过母亲，且没有支付过任何生活费、医疗费、赡养费等。于是，母亲曾将张立诉至法院，要求其按月支付赡养费、生活费等，但张立一直没有按照生效裁判文书履行，一分钱也没有给母

① 北京市顺义区人民法院（2017）京0113民初15566号裁判文书

亲。但母亲刚一去世，张立就开始主张分割母亲的遗产，弟弟张明气不过，以不当得利为由，要求哥哥张立按照之前生效判决确认的金额给付母亲的赡养费、生活费。张明认为，法院判决哥哥张立按月支付母亲的赡养费、生活费，由于张立始终未支付，一直都由自己承担，相当于自己替哥哥支付了母亲的赡养费、生活费，因此，张立应当将相关费用还给他。

而张立辩称，赡养费、生活费是法院判给其母亲的，母亲生前并没有委托弟弟张明向自己索要，因此，弟弟张明也没有权利向他主张这些费用。

那么，弟弟张明有权向哥哥张立主张其母亲生前的赡养费、生活费吗?

根据我国法律规定，赡养费、生活费的权利是基于身份权所产生的专属权，此种权利因其具有专属性，是一种不可让与的权利，其行使的主体是特定的，上面这个案例中，弟弟张明并不具有请求该项权利的主体资格。主要有以下几点原因。

第一，我国“婚姻法”虽然明确规定了子女对父母有赡养义务，但并未规定在父母有多个子女的情况下各子女如何具体承担赡养义务，且赡养本身是一种较为抽象和内容较多的行为，不仅包括赡养费的给付问题，还包括日常生活中的照顾等诸多行为，因此，父母有多个子女的情况下，各子女应承担赡养义务的多少难以从法律层面具体量化，更不能简单地认为一名子女是在替另一名子女尽赡养义务。

第二，主张赡养费的权利是基于身份权所产生的专属权，此种权利因其具有专属性和不可让与性，应随着权利人的死亡或放弃归于消灭。且法律并未赋予承担了全部赡养义务的一方有向未承担赡养义务的一方进行追偿的权利。因此，即使一名子女在承担了全部赡养义务后，也无权向其他子女进行追偿。

第三，如果承担了全部赡养义务的子女认为自己的合法权益受到了损害，其可以在继承时要求多分配遗产。对此，我国"继承法"也有明确规定。因此，虽然承担了全部赡养义务的子女不享有向其他子女追偿的权利，但是其享有多分遗产的权利，故其合法权益并未受到损害。

由此可见，在父母去世后，负主要赡养义务的弟弟张明无权向哥哥张立主张其对母亲的赡养费、生活费，但可以要求在遗产继承时多分配。

百善孝为先。赡养父母是子女应尽的法定义务。任何人不得以任何方式加以改变，也不得附加任何条件进行限制。父母健在时，我们应该常回家看看，多陪陪父母，尽到赡养义务，别留下"子欲养而亲不待"的遗憾。

相关法条链接

中华人民共和国宪法（节选）

第四十九条 婚姻、家庭、母亲和儿童受国家的保护。

夫妻双方有实行计划生育的义务。

父母有抚养教育未成年子女的义务，成年子女有赡养扶助父母的义务。

禁止破坏婚姻自由，禁止虐待老人、妇女和儿童。

中华人民共和国婚姻法（节选）

第二十一条 父母对子女有抚养教育的义务；子女对父母有赡养扶助的义务。父母不履行抚养义务时，未成年的或不能独立生活的子女，有要求父母付给抚养费的权利。子女不履行赡养义务时，无劳动能力的或生活困难的父母，有要求子女付给赡养费的权利。禁止溺婴、弃婴和其他残害婴儿的行为。

第二十八条 有负担能力的祖父母、外祖父母，对于父母已经死亡或父母无力抚养的未成年的孙子女、外孙子女，有抚养的义务。有负担能力的孙子女、外孙子女，对于子女已经死亡或子女无力赡养的祖父母、外祖父母，有赡养的义务。

第三十条 子女应当尊重父母的婚姻权利，不得干涉父母再婚以及婚后的生活。子女对父母的赡养义务，不因父母的婚姻关系变化而终止。

第四十八条 对拒不执行有关扶养费、抚养费、赡养费、财产分割、遗产继承、探望子女等判决或裁定的，由人民法院依法强制执行。有关个人和单位应负协助执行的责任。

中华人民共和国继承法（节选）

第十三条 同一顺序继承人继承遗产的份额，一般应当均等。

对生活有特殊困难的缺乏劳动能力的继承人，分配遗产时，应当予以照顾。

对被继承人尽了主要扶养义务或者与被继承人共同生活的继承人，分配遗产时，可以多分。

有扶养能力和有扶养条件的继承人，不尽扶养义务的，分配遗产时，应当不分或者少分。

继承人协商同意的，也可以不均等。

中华人民共和国老年人权益保障法（节选）

第十四条 赡养人应当履行对老年人经济上供养、生活上照料和精神上慰藉的义务，照顾老年人的特殊需要。

赡养人是指老年人的子女以及其他依法负有赡养义务的人。

赡养人的配偶应当协助赡养人履行赡养义务。

第十五条 赡养人应当使患病的老年人及时得到治疗和护理；对经济困难的老年人，应当提供医疗费用。

对生活不能自理的老年人，赡养人应当承担照料责任；不能亲自照料的，可以按照老年人的意愿委托他人或者养老机构等照料。

监护人有权处分残疾人的财产吗?

确保残疾人的财产安全，保障其财产利益不受损害，关乎残疾人的生存状态和生活质量。生活中，大部分残疾人没有相应的民事行为能力，对于个人财产的重大变动往往缺乏足够的理解能力和认知能力。法律规定，由残疾人的监护人履行监护职责，保护残疾人的财产权益。而残疾人的监护人往往是其近亲属，若监护人没有履行监护职责，擅自处分了残疾人的财产，这种行为是否有效？不妨来看看下面这个案例[①]。

老张有三个儿子，分别是张甲、张乙、张丙，张丙年龄最小，且患有先天性疾病，被诊断为四级智力残疾。随着年龄的增长，老张怕自己去世后无人照料张丙，于是趁在世时与三兄弟签订了一份分家协议，约定张丙分得本村一处房产，同时还约定张丙将来的养老及生活问题由张甲负责，张

① 北京市通州区人民法院（2015）通民初字第12589号裁判文书

丙的财产及其他所有权益所得全部归张甲，张甲、张乙一次性付给张丙扶养费人民币 5000 元。

老张去世后，村委会本着保护被监护人合法权益不受侵害的原则，根据当事人的意愿，确认张甲、张乙共同为张丙的监护人。

2015 年，张甲、张乙在处置张丙房产过程中多次发生矛盾纠纷，后经村人民调解委员会调解达成调解协议：双方同意由张甲按照市场价格面向社会对张丙所有的房产进行处置。同等价格亲属间优先购买。双方约定出售房屋所得款，张乙应分得 5 万元。调解协议签订后，张甲将张丙的房产卖给了他人，房款所得共计 41 万元，但未履行调解协议内容，拒绝向张乙支付 5 万元。张乙多次索要不成后将张甲诉至法院，要求张甲根据调解协议约定支付其房屋出售款 5 万元。法庭上，张甲辩称卖房款是张丙的钱，自己只是替他保管，没有资格处置。

法院经审理认为，张甲、张乙经村民委员会指定为张丙的监护人。作为监护人，张甲、张乙应当认真履行监护职责，保护被监护人的人身、财产及其他合法权益，除为被监护人的利益外，不得处置被监护人的财产。现张甲、张乙签订调解协议，约定对张丙的房产进行处置，并约定张乙分得房屋出售款 5 万元，上述约定损害了张丙的财产权益，违反了法律规定。最终，判决驳回了张乙的诉讼请求。

根据《最高人民法院关于审理涉及人民调解协议的民事

案件的若干规定》第一条规定："经人民调解委员会调解达成的、有民事权利义务内容，并由双方当事人签字或者盖章的调解协议，具有民事合同性质。当事人应当按照约定履行自己的义务，不得擅自变更或者解除调解协议。"据此，张甲本应该按照调解协议约定向张乙支付房屋出售款5万元。但是根据《中华人民共和国民法总则》第三十五条"监护人应当按照最有利于被监护人的原则履行监护职责。监护人除为维护被监护人利益外，不得处分被监护人的财产"以及《中华人民共和国民法通则》（以下简称"民法通则"）第十八条"监护人应当履行监护职责，保护被监护人的人身、财产及其他合法权益，除为被监护人的利益外，不得处理被监护人的财产。监护人依法履行监护的权利，受法律保护。监护人不履行监护职责或者侵害被监护人的合法权益的，应当承担责任；给被监护人造成财产损失的，应当赔偿损失。人民法院可以根据有关人员或者有关单位的申请，撤销监护人的资格。"张甲、张乙在村人民调解委员会主持下达成的调解协议违反了法律规定，张甲擅自处分被监护人张丙房产的行为属于无效行为，进而张乙要求分得房屋出售款5万元的主张也就失去了合法依据，因此，法院驳回了张乙的诉讼请求。

《中华人民共和国残疾人保障法》第九条规定："残疾人的扶养人必须对残疾人履行扶养义务。残疾人的监护人必须履行监护职责，尊重被监护人的意愿，维护被监护人的合法权益。残疾人的亲属、监护人应当鼓励和帮助残疾人增强自主能力。禁止对残疾人实施家庭暴力、禁止虐待、遗弃残疾人。”现实生活中，作为残疾人的监护人，应该切实履行监护职责，保护他们的人身、财产及其他合法权益。除非是为了残疾人的利益，否则，监护人不得擅自处分残疾人的财产。

残疾人是一个特殊的群体，需要全社会给予充分的尊重、关心和帮助。在此倡议：向残疾人伸出友爱之手，积极开展扶残助残活动，营造全社会共同关爱残疾人的良好氛围。

相关法条链接

中华人民共和国民法总则（节选）

第三十四条 监护人的职责是代理被监护人实施民事法律行为，保护被监护人的人身权利、财产权利以及其他合法权益等。

监护人依法履行监护职责产生的权利，受法律保护。

监护人不履行监护职责或者侵害被监护人合法权益的，应当承担法律责任。

第三十五条 监护人应当按照最有利于被监护人的原则履行监护职责。监护人除为维护被监护人利益外，不得处分被监护人的财产。

未成年人的监护人履行监护职责，在作出与被监护人利益有关的决定时，应当根据被监护人的年龄和智力状况，尊重被监护人的真实意愿。

成年人的监护人履行监护职责，应当最大程度地尊重被监护人的真实意愿，保障并协助被监护人实施与其智力、精神健康状况相适应的民事法律行为。对被监护人有能力独立处理的事务，监护人不得干涉。

中华人民共和国残疾人保障法（节选）

第九条 残疾人的扶养人必须对残疾人履行扶养义务。

残疾人的监护人必须履行监护职责，尊重被监护人的意愿，维护被监护人的合法权益。

残疾人的亲属、监护人应当鼓励和帮助残疾人增强自立能力。

禁止对残疾人实施家庭暴力，禁止虐待、遗弃残疾人。

中华人民共和国民法典（节选）

第三十三条 具有完全民事行为能力的成年人，可以与其近亲属、其他愿意担任监护人的个人或者组织事先协商，以书面形式确定自己的监护人，在自己丧失或者部分丧失民事行为能力时，由该监护人履行监护职责。

第三十四条 监护人的职责是代理被监护人实施民事法律行为，保护被监护人的人身权利、财产权利以及其他合法权益等。

监护人依法履行监护职责产生的权利，受法律保护。

监护人不履行监护职责或者侵害被监护人合法权益的，应当承担法律责任。

因发生突发事件等紧急情况，监护人暂时无法履行监护职责，被监护人的生活处于无人照料状态的，被监护人住所地的居民委员会、村民委员会或者民政部门应当为被监护人安排必要的临时生活照料措施。

村民在自家宅院盖房，邻居阻挠怎么办？

俗话说“远亲不如近邻”，说的是遇到急难时，远道亲戚不如邻居能够及时给予帮助，也指邻里间相处较远亲更为频繁，从而产生一种更甚于远亲的感情。然而，近年来，随着城市化进程以及人们生活节奏的加快，邻里间的关系日渐疏远，甚至会因小事而对簿公堂。

如果你想在自家宅院盖房，但是邻居百般阻挠，你们又无法达成和解，此时你该怎么办呢？读完这个案例[①]，也许就有答案了。

王某与赵某系某村村民，双方相邻而居，其中王某居南，赵某居北。

王某在自家宅院内建有房屋两排，其中南排房屋为二层结

① 北京市顺义区人民法院（2019）京0113民初22918号裁判文书、北京市第三中级人民法院（2020）京03民终281号裁判文书

构，北排房屋的西半部已建好二层，东半部二层未建好。在王某北排房屋东端有赵某建的一层倒座房（即赵某所称的储物间，高约2.5米，宽约1.9米，间数为3间），该倒座房与王某北排房屋后房山紧密相连（但并未借用王某房山，赵某另建有院墙），向北排水。王某所建的北排正房的东半部正对赵某宅院内的二层南房，两者相距约为3.95米。

王某自2018年6月10日起，开始在自己宅基地范围内原有的北排房屋上建二层，但被赵某无故阻拦，导致房屋东半部二层未能建成，因无法达成和解，王某将赵某诉至法院，要求其不得再阻止自己建房和修建排水管道，拆除紧邻自己后山墙的倒座房，并赔偿延误工期产生的损失。

法院认为，王某欲建二层的北排房屋，位于王某的宅基地使用范围之内，并未侵占赵某的宅基地使用面积，赵某对此也没有异议。赵某现以其建设的二层会对自己的居住和采光造成妨碍为由，阻止王某建二层，但是根据现场勘查的情况，王某与赵某之间的房屋尚保留近4米的距离，即使王某修建二层也不会对赵某的居住和采光构成明显影响，并且赵某自己所建的南房也是二层结构，其在修建该二层南房时也未考虑过可能给王某带来的不利影响，因此赵某不得阻拦王某修建二层房屋。

对于王某修建排水管道的请求，因其二层房屋建好后，确实需要排水，因此其修建排水管道，属于合理要求，法院予以支持，但王某在修建排水管道时，需确保流水不得排放至赵某院内。

对于王某要求拆除赵某宅院内倒座房的请求，经现场勘查，该倒座房位于赵某院内，并未侵占王某宅基地使用面积，虽然与王某北排房屋后房山紧密相连，却并未借用其山墙，而是自建有墙，并且该倒座房是向北排水，并未将雨水排放至王某房屋墙体上，不会妨碍王某使用其房屋，因此该请求没有得到法院的支持。

法院如此判决是因为我国"民法通则"第八十三条规定："不动产的相邻各方，应当按照有利生产、方便生活、团结互助、公平合理的精神，正确处理截水、排水、通行、通风、采光等方面的相邻关系。给相邻方造成妨碍或者损失的，应当停止侵害，排除妨碍，赔偿损失。"上述案件中，王某在宅基地使用范围之内建房，并不会对邻居赵某的居住和采光造成明显影响，因此法院支持了王某的这一诉求。

根据"民法通则"规定，处理相邻房屋滴水纠纷时，对有过错的一方造成他人损害的，应当责令其排除妨碍、赔偿损失。相邻一方在自己使用的土地上挖水沟、水池、地窖等或者种植的竹木根枝延伸危及另一方建筑物的安全和正常使用的，应当区分情况，责令其消除危险，恢复原状，赔偿损失。上述案件中，赵某宅院内倒座房虽与王某北排房屋后房山紧密相连，但该倒座房是向北排水，并未将雨水排放至王某房屋墙体上，不会妨碍王某使用其房屋，也没有对王某的房屋安全造成危险，因此法院并没有责令赵某排除妨碍、拆除其宅院内倒座房。

在此提醒读者，宅基地范围内建房一定要严格按照相关法律规定履行报批手续，如果在建房过程中与邻居发生纠纷，最好找村委会或镇政府有关部门协调解决，协调不成的再诉诸法院解决，因为“邻睦风亦暖，家和人自康”。自古以来，“六尺巷”“罗威饲犊”等故事告诉我们，邻里之间多一分沟通，多一分宽容，就能让屋外多一缕阳光，家人多一分安康。

相关法条链接

中华人民共和国民法通则（节选）

第八十三条 不动产的相邻各方，应当按照有利生产、方便生活、团结互助、公平合理的精神，正确处理截水、排水、通行、通风、采光等方面的相邻关系。给相邻方造成妨碍或者损失的，应当停止侵害，排除妨碍，赔偿损失。

中华人民共和国物权法（节选）

第八十四条 不动产的相邻权利人应当按照有利生产、方便生活、团结互助、公平合理的原则，正确处理相邻关系。

第八十五条 法律、法规对处理相邻关系有规定的，依照其规定；法律、法规没有规定的，可以按照当地习惯。

第八十六条 不动产权利人应当为相邻权利人用水、排水提供必要的便利。

对自然流水的利用，应当在不动产的相邻权利人之间合理分配。对自然流水的排放，应当尊重自然流向。

第八十七条 不动产权利人对相邻权利人因通行等必须利用其土地的，应当提供必要的便利。

第八十八条 不动产权利人因建造、修缮建筑物以及铺设电线、电缆、水管、暖气和燃气管线等必须利用相邻土地、建筑物的，该土地、建筑物的权利人应当提供必要的便利。

中华人民共和国民法典（节选）

第二百九十条 不动产权利人应当为相邻权利人用水、排水提供必要的便利。

对自然流水的利用，应当在不动产的相邻权利人之间合理分配。对自然流水的排放，应当尊重自然流向。

第二百九十一条 不动产权利人对相邻权利人因通行等必须利用其土地的，应当提供必要的便利。

第二百九十二条 不动产权利人因建造、修缮建筑物以及铺设电线、电缆、水管、暖气和燃气管线等必须利用相邻土地、建筑物的，该土地、建筑物的权利人应当提供必要的便利。

第二百九十五条 不动产权利人挖掘土地、建造建筑物、铺设管线以及安装设备等，不得危及相邻不动产的安全。

第二百九十六条 不动产权利人因用水、排水、通行、铺设管线等利用相邻不动产的，应当尽量避免对相邻的不动产权利人造成损害。

恋爱期间赠与的礼物，分手后能否要回?

恋爱是婚姻的前奏，作为情侣，恋爱期间大都会赠送礼物，作为恋情发展的美好纪念。然而，当感情破裂时，恋爱时的正常消费、琐碎开支，包括双方互赠的礼物，就成了分手后各种纠纷的源头。那么，恋爱期间赠与的礼物，分手后还能要回吗？下面，我们来看看这个案例，就有答案了。

小伟和小花是一对情侣，他们通过婚恋网站相识、相恋。恋爱期间，他们像大多数情侣一样，一起看电影、吃饭、外出游玩，每次都是小伟花钱。通过短期接触后，小花认为小伟幽默风趣，勤劳上进，是个值得依靠的好男人，于是二人顺理成章地同居了。

同居生活开始后，二人恋爱时隐藏的坏习惯逐渐显露出来：小伟认为小花好吃懒做，没事就喜欢买买买，比较爱花钱，不知道勤俭节约；小花则认为小伟生活邋遢、不讲卫生，之前表现出来的好男人形象都是装出来的。为此，两人经常吵架。没过多久，小伟提出分手，并认为小花以恋爱之名骗取其财物，要求小花将恋爱期间的花费和赠送的礼物还给自己，小花对此置之不理。

那么，小伟在恋爱期间的花费及赠与的礼物，分手后能否要回？

司法实践中，双方当事人恋爱期间的资金、经济往来，不排除包含因追求对方所产生的情谊赠与行为，也不排除当事人之间的民间借贷关系。不管如何，当事人都需要对自己的主张提供相应证据，如不能提供证据证实其主张，就要承担举证不能的不利后果。

小伟对其与小花恋爱期间的资金往来，如果不能提供证据证实系民间借贷关系，则属于赠与纠纷。根据《中华人民共和国合同法》第一百八十六条的规定："赠与人在赠与财产的权利转移之前可以撤销赠与。具有救灾、扶贫等社会公益、道德义务性质的赠与合同或者经过公证的赠与合同，不适用前款规定。"这起案件中，小伟与小花发生恋爱直至共同旅游、同居，是小伟为追求小花而对小花的赠与，这种赠与具有情谊性，因此小伟很难要回恋爱期间对小花的花费及赠与的礼物。

那么，恋爱期间，情侣之间资金往来的性质如何判断呢？

恋爱期间，男女双方之间通过微信红包、银行卡转账、链接代付等形式进行资金往来的情形十分普遍，就这些往来款项的性质，不排除基于恋爱关系表达爱意的赠与甚至是为达成婚姻关系而支付的彩礼，不排除共同生活支付的费用，也不排除当事人之间的民间借贷关系等。如果没有证据证明属于民间借贷，根据社会交往习惯及日常生活经验，应认定该资金往来系恋人之间的一般赠与。如果资金往来数额较大，超过日常生活交往的合理限度，或者明确为促使双方缔结婚姻关系的彩礼、聘金，应认定为附条件的赠与。双方未能结婚的，提供一方可向接受一方以其继续占有属不当得利而主张返还。

根据我国法律规定，受赠人有下列情形之一的，赠与人可以撤销赠与：一是严重侵害赠与人或者赠与人近亲属的合法权益；二是对赠与人有扶养义务而不履行；三是不履行赠与合同约定的义务。也就是说，恋爱期间，男女双方为了增进感情而相互赠与的物品，双方分手时，如果没有证据证明该赠与符合法律规定的撤销条件，则赠与方无权要求受赠方返还赠与物品或给付金钱补偿。

恋爱是美好的，但爱情也需要理性。在此提醒大家，恋爱期间，男女双方对于大额金钱往来或贵重财物的处置，要注意保存可证实真实意思表示的证据。如果存在借贷转账的情况，出借方应该持有相应的债权凭证，以便与双方之间共同消费、赠与款项进行区分。否则，就可能会承担不利的法律后果，留下伤财又伤心的结局。

相关法条链接

中华人民共和国合同法（节选）

第一百八十六条 赠与人在赠与财产的权利转移之前可以撤销赠与。

具有救灾、扶贫等社会公益、道德义务性质的赠与合同或者经过公证的赠与合同，不适用前款规定。

第一百九十二条 受赠人有下列情形之一的，赠与人可以撤销赠与：

（一）严重侵害赠与人或者赠与人的近亲属；

（二）对赠与人有扶养义务而不履行；

（三）不履行赠与合同约定的义务。

赠与人的撤销权，自知道或者应当知道撤销原因之日起一年内行使。

第一百九十四条 撤销权人撤销赠与的，可以向受赠人要求返还赠与的财产。

中华人民共和国民法典（节选）

第六百五十七条 赠与合同是赠与人将自己的财产无偿给

予受赠人，受赠人表示接受赠与的合同。

第六百五十八条 赠与人在赠与财产的权利转移之前可以撤销赠与。

经过公证的赠与合同或者依法不得撤销的具有救灾、扶贫、助残等公益、道德义务性质的赠与合同，不适用前款规定。

第六百五十九条 赠与的财产依法需要办理登记或者其他手续的，应当办理有关手续。

第六百六十条 经过公证的赠与合同或者依法不得撤销的具有救灾、扶贫、助残等公益、道德义务性质的赠与合同，赠与人不交付赠与财产的，受赠人可以请求交付。

依据前款规定应当交付的赠与财产因赠与人故意或者重大过失致使毁损、灭失的，赠与人应当承担赔偿责任。

第六百六十三条 受赠人有下列情形之一的，赠与人可以撤销赠与：

（一）严重侵害赠与人或者赠与人近亲属的合法权益；

（二）对赠与人有扶养义务而不履行；

（三）不履行赠与合同约定的义务。

赠与人的撤销权，自知道或者应当知道撤销事由之日起一年内行使。

子女不赡养父母，《中华人民共和国宪法》能管吗？

子女不赡养父母，《中华人民共和国宪法》（以下简称“宪法”）能管吗？听到这个问题，很多人会下意识地说：“‘宪法’作为规定国家最根本、最重要问题的根本大法，是治国安邦的总章程，具有至高无上的权威和法律效力，怎么会管老百姓日常生活中的赡养问题呢？”

一说到“宪法”的内容和作用，很多人觉得它远在天边，不如民法、刑法等普通法律那样让人们感受真切。其实，我国“宪法”不仅规定了国家性质、政治制度、经济制度等，还规定了公民的基本权利和基本义务。比如，“宪法”对劳动权、选举权、受教育权、财产权等的规定，都与我们的日常生活密切相关。在日常生活中，我们与“宪法”的关系就如同鱼和水，鱼儿长期身处水中，或许未能觉察到，却一直受着水的滋养。同样，“宪法”也这样保护着我们每一个人。

读完下面这个案例①，你就会觉得“宪法”真的近在咫尺。

李老爷子80岁了，本该是在家颐养天年的时候，可是谁也没想到，他竟然将自己的5个子女告上了法庭。为什么呢？李老爷子的老伴儿很早就去世了，他独自一人生活，因年迈而无劳动能力，每月领取300元的老年补贴，无其他收入来源。之前，5个子女还零零散散给点生活费和医疗费，随着老爷子年龄越来越大，5个子女商量将老爷子名下的责任田分割，因与老爷子未达成一致意见，致使老爷子的赡养问题没人管了。为此，村委会、镇政府等部门多次协调，但都没有结果。无奈之下，李老爷子才向法院起诉，要求5个子女履行赡养义务，每月支付赡养费1000元，共同承担以后的医疗费等开支。法庭上5个子女认为，要让他们承担赡养责任，父亲就必须将名下的责任田分给自己，否则就不管。最后，法院判决认为，赡养老人是中华民族的传统美德，也是法律规定的子女应尽的义务。现李老爷子年事已高，丧失劳动能力，依法享有要求子女支付赡养费的权利，作为成年子女，不得以任何理由对赡养义务附加任何条件。因此，支持了李老爷子的全部诉讼请求。

子女不赡养父母，“宪法”能管吗？答案显而易见。因为“宪法”第四十九条明确规定，“成年子女有赡养扶助父母的

① 个旧市人民法院（2015）个民一初字第273号裁判文书

义务”。赡养父母是子女应尽的法定义务，任何人不得以任何方式加以改变，也不得附加任何条件进行限制。在“宪法”这一根本大法的规定下，我国“婚姻法”第二十一条规定，父母对子女有抚养教育的义务；子女对父母有赡养扶助的义务。《中华人民共和国老年人权益保障法》（以下简称“老年人权益保障法”）也规定，“赡养人应当履行对老年人经济上供养、生活上照料和精神上慰藉的义务，照顾老年人的特殊需要。赡养老人不得以放弃继承权或者其他理由，拒绝履行赡养义务”。由此可见，子女的赡养义务是法律明文规定的，子女不得以任何理由推卸责任；同样，在赡养老年人这个问题上也是不能附加任何条件的。

当前，随着我国人口老龄化的趋势，赡养老人的问题已经成为一个社会问题，尤其是在一些农村地区，赡养纠纷时有发生。如一些农村地区仍有“儿子养老”的传统观念存在，认为女儿、女婿是外人，可以不承担赡养义务。但法律规定子女都有赡养父母的义务，女儿并不因为出嫁就不需要赡养自己的父母。还有一些子女为赡养义务附加条件，如将赡养和分家产等问题联系在一起，分不到父母财产的子女就不履行赡养义务。事实上，赡养父母是法定的义务，子女不能以任何理由来免除其应该尽到的赡养义务。

在此提醒大家，如果这种赡养纠纷发生在自己身上，根据法律规定，我们既可以申请人民调解委员会或者村委会进行调解，也可以直接向法院提起诉讼。当然，如果因子女不赡养父母的行为，导致父母身体或者其他方面出现严重损害的，还可能构成遗弃罪，涉嫌刑事犯罪，这时候子女将会承担相应的刑事责任。

相关法条链接

中华人民共和国宪法（节选）

第四十九条 婚姻、家庭、母亲和儿童受国家的保护。

夫妻双方有实行计划生育的义务。

父母有抚养教育未成年子女的义务，成年子女有赡养扶助父母的义务。

禁止破坏婚姻自由，禁止虐待老人、妇女和儿童。

中华人民共和国婚姻法（节选）

第二十一条 父母对子女有抚养教育的义务；子女对父母有赡养扶助的义务。父母不履行抚养义务时，未成年的或不能独立生活的子女，有要求父母付给抚养费的权利。子女不履行赡养义务时，无劳动能力的或生活困难的父母，有要求子女付给赡养费的权利。禁止溺婴、弃婴和其他残害婴儿的行为。

中华人民共和国老年人权益保障法（节选）

第十四条 赡养人应当履行对老年人经济上供养、生活上照料和精神上慰藉的义务，照顾老年人的特殊需要。

赡养人是指老年人的子女以及其他依法负有赡养义务的人。

赡养人的配偶应当协助赡养人履行赡养义务。

第十八条 家庭成员应当关心老年人的精神需求，不得忽视、冷落老年人。

与老年人分开居住的家庭成员，应当经常看望或者问候老年人。

用人单位应当按照国家有关规定保障赡养人探亲休假的权利。

第十九条 赡养人不得以放弃继承权或者其他理由，拒绝履行赡养义务。

赡养人不履行赡养义务，老年人有要求赡养人付给赡养费等权利。

赡养人不得要求老年人承担力不能及的劳动。

中华人民共和国民法典（节选）

第二十六条 父母对未成年子女负有抚养、教育和保护的义务。

成年子女对父母负有赡养、扶助和保护的义务。

第一千零六十七条 父母不履行抚养义务的，未成年子女或者不能独立生活的成年子女，有要求父母给付抚养费的权利。

成年子女不履行赡养义务的，缺乏劳动能力或者生活困难的父母，有要求成年子女给付赡养费的权利。

第一千零七十四条 有负担能力的祖父母、外祖父母，对于父母已经死亡或者父母无力抚养的未成年孙子女、外孙子女，有抚养的义务。

有负担能力的孙子女、外孙子女，对于子女已经死亡或者子女无力赡养的祖父母、外祖父母，有赡养的义务。

侄子能否继承姑姑的遗产？

随着人民群众生活水平的不断提高，个人和家庭拥有的财产日益增多，因继承引发的纠纷也越来越多。根据我国社会家庭结构、继承观念等方面的发展变化，“民法典”继承编在“继承法”的基础上修改、完善了我国现行继承制度，以满足人民群众处理遗产的现实需要。相较于“继承法”，“民法典”新增及实质性变更的法条有二十余条，新增部分更是填补和修正了实践中的空白，比如扩大了遗产范围，新增了继承人的宽宥制度，新增了打印遗嘱，录像遗嘱，明确了被继承人债务偿还顺序等。

那么，“民法典”继承编对我们的生活有哪些影响呢？其中一个最大的变化就是侄子、外甥以后也能继承遗产了。看一下这个案例：张某夫妻共生育三个子女，长子张明、长女张红、次子张立。张某夫妻现均已去世，张明于 2018 年去世，张明尚有一子张小明。张红于 2019 年去世。张红一生未婚，没有生育过子女，亦未收养任何子女。其在北京有楼房一处。张红去世后，其遗留的楼房谁有权继承呢？

"继承法"第十条规定了继承的顺序，继承开始后，由第一顺序继承人继承，第二顺序继承人不继承。没有第一顺序继承人继承的，由第二顺序继承人继承。本案中，张红去世时，没有配偶、父母、子女，无第一顺序继承人，那么应当由第二顺序继承人来继承，也就是张红的哥哥和弟弟，但是因为张红的哥哥张明早于张红去世，而"继承法"第十一条规定，"被继承人的子女先于被继承人死亡的，由被继承人的子女的晚辈直系血亲代位继承"，并未对第二顺序继承人的代位继承权进行规定。故本案根据"继承法"的规定，只能由张立一人继承张红的遗产。

而"民法典"第一千一百二十八条对此作了修改，增加了代位继承人的范围，其中第二款规定被继承人的兄弟姐妹先于被继承人死亡的，由被继承人的兄弟姐妹的子女代位继承。如果该案例发生在"民法典"实施后且同样按照法定继承的话，作为张红侄子的张小明就可以依据该条规定，代位继承其父亲张明能继承的份额，也就是说，张红的遗产应当由张小明与张立共同继承。

根据"继承法"的规定，遗嘱的形式分为自书遗嘱、代书遗嘱、录音遗嘱、口头遗嘱、公证遗嘱。那么当一个人立有数份遗嘱时，如果这些遗嘱内容相互冲突，最后以哪个遗嘱为准呢？

举个例子，王大爷曾公证了一份遗嘱，约定房屋由两个儿子平均继承。但是，在王大爷重病期间，大儿子一直在医院陪护照料王大爷多年，王大爷在其去世前又立了一份自书遗嘱，注明房屋由大儿子一人继承。王大爷去世后，大儿子主张依据自书遗嘱继承房屋，小儿子则主张公证遗嘱效力优先，应依据公证遗嘱平分房产。

根据“继承法”第二十条第三款的规定，“自书遗嘱、代书遗嘱、录音遗嘱、口头遗嘱，不得撤销、变更公证遗嘱”。该条文确立了公证遗嘱的优先效力，那么本案就应当按照公证遗嘱的内容分配遗产。

多年来，公证在遗嘱继承中发挥了重要作用，但也存在因被继承人来不及变更或撤销公证遗嘱，导致未能按被继承人真实意愿处理遗产的情况。所以，“民法典”对此进行了修改，第一千一百四十二条第三款明确规定立有数份遗嘱，内容相抵触的，以最后的遗嘱为准。如此规定，切实尊重了遗嘱人的真实意愿。

现实生活中，由于遗产问题引发的家庭矛盾日益增多，其中的一个主要原因就是被继承人生前没有对自己的财产进行处分。家族财富的传承，是人们非常关心的法律问题。在此提醒大家，不妨在自己身体和精神状态良好、思维清晰的时候，提前立下一份遗嘱，按照自己的意愿处分自己的财产。这样不但能使自己的财产在继承时更具有指向性，而且能避免和减少继承时的诸多争执和纠纷。

相关法条链接

中华人民共和国继承法（节选）

第十条 遗产按照下列顺序继承：

第一顺序：配偶、子女、父母。

第二顺序：兄弟姐妹、祖父母、外祖父母。

继承开始后，由第一顺序继承人继承，第二顺序继承人不继承。没有第一顺序继承人继承的，由第二顺序继承人继承。

本法所说的子女，包括婚生子女、非婚生子女、养子女和有扶养关系的继子女。

本法所说的父母，包括生父母、养父母和有扶养关系的继父母。

本法所说的兄弟姐妹，包括同父母的兄弟姐妹、同父异母或者同母异父的兄弟姐妹、养兄弟姐妹、有扶养关系的继兄弟姐妹。

第十一条 被继承人的子女先于被继承人死亡的，由被继承人的子女的晚辈直系血亲代位继承。代位继承人一般只能继承他的父亲或者母亲有权继承的遗产份额。

中华人民共和国民法典（节选）

第一千一百二十七条 遗产按照下列顺序继承：

（一）第一顺序：配偶、子女、父母；

（二）第二顺序：兄弟姐妹、祖父母、外祖父母。

继承开始后，由第一顺序继承人继承，第二顺序继承人不继承；没有第一顺序继承人继承的，由第二顺序继承人继承。

本编所称子女，包括婚生子女、非婚生子女、养子女和有扶养关系的继子女。

本编所称父母，包括生父母、养父母和有扶养关系的继父母。

本编所称兄弟姐妹，包括同父母的兄弟姐妹、同父异母或者同母异父的兄弟姐妹、养兄弟姐妹、有扶养关系的继兄弟姐妹。

第一千一百二十八条 被继承人的子女先于被继承人死亡的，由被继承人的子女的直系晚辈血亲代位继承。

被继承人的兄弟姐妹先于被继承人死亡的，由被继承人的兄弟姐妹的子女代位继承。

代位继承人一般只能继承被代位继承人有权继承的遗产份额。

第一千一百三十四条 自书遗嘱由遗嘱人亲笔书写，签名，注明年、月、日。

第一千一百三十五条 代书遗嘱应当有两个以上见证人在场见证，由其中一人代书，并由遗嘱人、代书人和其他见证人签名，注明年、月、日。

第一千一百三十六条 打印遗嘱应当有两个以上见证人在场见证。遗嘱人和见证人应当在遗嘱每一页签名，注明年、月、日。

第一千一百三十七条 以录音录像形式立的遗嘱，应当有两个以上见证人在场见证。遗嘱人和见证人应当在录音录像中记录其姓名或者肖像，以及年、月、日。

第一千一百三十八条 遗嘱人在危急情况下，可以立口头遗嘱。口头遗嘱应当有两个以上见证人在场见证。危急情况消除后，遗嘱人能够以书面或者录音录像形式立遗嘱的，所立的口头遗嘱无效。

第一千一百三十九条 公证遗嘱由遗嘱人经公证机构办理。

第一千一百四十二条 遗嘱人可以撤回、变更自己所立的遗嘱。

立遗嘱后，遗嘱人实施与遗嘱内容相反的民事法律行为的，视为对遗嘱相关内容的撤回。

立有数份遗嘱，内容相抵触的，以最后的遗嘱为准。

合同篇

解惑老百姓身边的法律问题

违约方能通过起诉解除合同吗？

合同是双方当事人意思表示一致的结果。依法成立的合同，对当事人具有法律约束力，当事人应当按照合同约定履行各自的义务，享受各自的权利，不得擅自变更或解除合同。根据《中华人民共和国合同法》（以下简称“合同法”）的规定，因合同一方当事人违约导致解除合同的条件成就后，守约方可以解除合同。而作为违约一方，通常只能积极纠正自己的违约行为，不能无约定和法定理由解除合同。那么，在合同履行过程中，如果一方违约致使合同无法履行，对方又不同意解除合同而要求继续履行，双方就陷入了无法履行合同的僵局。此时，违约方能通过起诉解除合同吗？看完下面这个案例[①]，也许就有答案了。

新宇公司曾与冯某签订了一份商品房买卖合同，约定新宇

① 《最高人民法院公报》2006年第6期

公司向冯某出售时代广场商铺。合同签订后，冯某按约支付了全部房款，但一直未办理产权过户手续，新宇公司随后将时代广场内的自有部分商铺租赁给A公司经营。但A公司经营不善，最终倒闭。时代广场中大部分购房人所购房屋亦无法正常经营。整个时代广场处于闲置状态。在此期间，部分购房人及债权人要求新宇公司退房及偿还债务。

新宇公司陆续与大部分购房人解除了商品房买卖合同，办理了退房手续，但包括冯某在内的少部分购房人未办理商品房买卖合同的解除手续。之后新宇公司为盘活资产、重新开业，拟对时代广场的经营格局进行调整，将包括冯某所购商铺在内的全部经营面积重新规划布局，并准备进行施工。新宇公司两次致函冯某，通知其解除双方签订的商品房买卖合同，但由于冯某坚持不退商铺，导致新宇公司不能继续施工，6万平方米建筑闲置，同时冯某也不能在其商铺内经营。为此新宇公司提起诉讼，主张上述情形构成情势变更可解除合同。该案经过一审二审，法院都支持了违约方新宇公司解除商品房买卖合同的主张。

一审法院认为，新宇公司与冯某签订的商铺买卖合同，是双方当事人的真实意思表示，该合同合法有效，依法对双方当事人都具有约束力。考虑到时代广场位于闹市区，若因双方当事人之间的互不信任而被闲置，这种状况不仅使双方当事人的利益受损，且造成社会财富的极大浪费，不利于社会经济发展。尽管冯某在履行合同过程中没有任何违约行为，本案的商铺买卖合同也应当解除。

二审法院认为，当违约情况发生时，继续履行是令违约方承担责任的首选方式。法律之所以这样规定，是由于继续履行比采取补救措施、赔偿损失或者支付违约金，更有利于实现合同目的。但是，当继续履行不能实现合同目的时，就不应再将其作为判令违约方承担责任的方式。当违约方继续履约所需的财力、物力超过合同双方基于合同履行所能获得的利益时，应该允许违约方解除合同，用赔偿损失的方式来代替继续履行。可见，在司法实践中，违约方还是可以通过起诉解除合同的。

通常情况下，合法有效的合同，除非有法定解除的事由，或者存在合同当事人双方约定的解除的事由，一般不得擅自解除。而法定解除的事由中，主要是赋予了守约方解除合同的权利。如果守约方不同意解除合同，致使合同难以履行，此时违约方是否享有合同解除权，在“民法典”颁布之前，我国法律并没有作出规定。

立法需要体现时代性，积极适应发展变化的社会实践。“民法典”第五百八十条第二款规定了违约方合同解除规则，赋予了违约人请求解除合同的权利。

实践中，如果合同当事人一方在合同履行过程中违约了，打算适用“民法典”的这一规定解除合同，那么需要注意：

首先，合同双方之间的合同债务仅限于非金钱债务，即以交付物品或特定行为作为履行标的而形成的债务。其次，违约方对解除合同仅有请求权，没有法定解除权。也就是说，守约方行使合同解除权发出解除通知即可，但违约方要解除合同，必须向法院或仲裁机构提出解除合同的申请。最后，合同解除后，违约方仍然要承担相应的违约责任。

相关法条链接

中华人民共和国合同法（节选）

第九十三条　当事人协商一致，可以解除合同。

当事人可以约定一方解除合同的条件。解除合同的条件成就时，解除权人可以解除合同。

第九十四条　有下列情形之一的，当事人可以解除合同：

（一）因不可抗力致使不能实现合同目的；

（二）在履行期限届满之前，当事人一方明确表示或者以自己的行为表明不履行主要债务；

（三）当事人一方迟延履行主要债务，经催告后在合理期限内仍未履行；

（四）当事人一方迟延履行债务或者有其他违约行为致使不能实现合同目的；

（五）法律规定的其他情形。

中华人民共和国民法典（节选）

第五百七十七条 当事人一方不履行合同义务或者履行合同义务不符合约定的，应当承担继续履行、采取补救措施或者赔偿损失等违约责任。

第五百七十八条 当事人一方明确表示或者以自己的行为表明不履行合同义务的，对方可以在履行期限届满前请求其承担违约责任。

第五百八十条 当事人一方不履行非金钱债务或者履行非金钱债务不符合约定的，对方可以请求履行，但是有下列情形之一的除外：

（一）法律上或者事实上不能履行；

（二）债务的标的不适于强制履行或者履行费用过高；

（三）债权人在合理期限内未请求履行。

有前款规定的除外情形之一，致使不能实现合同目的的，人民法院或者仲裁机构可以根据当事人的请求终止合同权利义务关系，但是不影响违约责任的承担。

疫情导致旅游合同无法履行，消费者如何维权？

随着国内疫情形势持续向好，企业复工复产率进一步提升，多地旅游景区陆续恢复开放。但由于2020年年初新冠肺炎疫情暴发突然，且持续时间较长，致使一些已经签订的旅游合同难以履行，在这种消费者与旅游公司似乎都没有过错的状况下，无法履行的旅游合同该如何处理呢？我们来看看下面这个案例。

2019年10月20日，张某与旅游公司签订了旅游协议，打算春节期间前往国内某景区游玩，委托旅游公司代订机票和酒店服务，并向旅游公司交纳了2万元旅游费。由于出现新冠肺炎疫情，2020年2月6日，张某向旅游公司提出解除合同，返还全部旅游费，遭对方拒绝。同年2月10日，张某向旅游公司发出书面的解除合同通知，但始终没有得到满意的答复。旅游公司认为，因疫情导致合同没有履行属于不可抗力，虽然旅游没有成行，但其前期已经为张某预订了机票和酒店，相关费用已经支付，这部分损失应该由张某承担。张某认为，合同中没有约定新冠肺炎疫情属于不可抗力，旅游公司无法按照已签订的合同提供旅游服务，违约在先，应当全额退还2万元旅游费。

那么，合同中没有约定新冠肺炎疫情属于不可抗力的情况下，能否认定为不可抗力？如果认定为不可抗力，旅游合同在没有履行的状况下，消费者之前交纳的旅游费是否应退还，旅游公司的损失由谁承担？旅游公司的违约行为与不可抗力是否具有因果关系？

新冠肺炎疫情发生后，文化和旅游部下发《关于全力做好新型冠状病毒感染的肺炎疫情防控工作暂停旅游企业经营活动的紧急通知》，旅游企业经营活动被按下暂停键，成为受疫情影响较严重的行业之一。为及时化解因疫情导致的旅游合同纠纷，北京市文化和旅游局下发《关于新型冠状病毒疫情导致的旅游服务合同纠纷化解指导》，该指导文件称，因疫情导致2020年1月24日以后“旅游服务合同”无法继续履行，所引起的退团退费纠纷，应依法按“不可抗力”的相关规定调解。

“合同法”第一百一十七条规定：“因不可抗力不能履行合同的，根据不可抗力的影响，部分或者全部免除责任，但法律另有规定的除外。当事人迟延履行后发生不可抗力的，不能免除责任。本法所称不可抗力，是指不能预见、不能避免并不能克服的客观情况。”可见，不可抗力是法定概念，只要合同履行中出现不可抗力情形，不管这种不可抗力情形是否在合同条款中明确约定，都可以适用法律对不可抗力的规定。具体到个案，某种情形能否认定为不可抗力，还需结合具体的事实情况进行判定。

上述案例中，旅游合同继续履行困难，张某打算解除合同，要求旅游公司退还全部旅游费，首先应查看合同中是否有遇到不可抗力后解除合同的约定，如果有，按照合同约定处理即可。如果合同中未约定，则需要双方根据自己的主张提出相应的证据。

实践中，理解不可抗力需要注意以下几点：一是客观情况通常是指自然灾害或社会异常事变；二是当事人在订立合同时对该客观情况的发生不能合理地预见；三是该客观情况不能为当事人所控制，即在当时当地的客观条件下，以当事人的能力是不可能避免并且不能克服的；四是该客观情况必须是当事人按合同关于时间、地点、履行方式、履行标的等约定不能履行或不能完全履行。此外，因不可抗力发生一方或者双方违约的，合同的履行状态可能有三种情况：第一，合同仍可继续履行，继续履行依法可以实现合同目的；第二，合同面临重大履行困难，但经变更后，可继续履行；第三，合同不能履行，或者虽可继续履行，但已无法实现合同目的。综上来看，新冠肺炎疫情暴发后，全国各地启动重大突发公共卫生事件一级响应，旅游合同已经不能继续履行，张某可以依据不可抗力相关规定解除合同。但解除合同后双方的责任如何分担呢？

《中华人民共和国旅游法》第六十七条规定：“……合同解除的，组团社应当在扣除已向地接社或者履行辅助人支付且不可退还的费用后，将余款退还旅游者；合同变更的，因此增加的费用由旅游者承担，减少的费用退还旅游者。”旅游服务合同不能履行双方均无过错，互不承担违约责任。

根据《最高人民法院关于审理旅游纠纷案件适用法律若干问题的规定》第十三条第一款规定：“因不可抗力等不可归责于旅游经营者、旅游辅助服务者的客观原因导致旅游合同无法履行，旅游经营者、旅游者请求解除旅游合同的，人民法院应予支持。旅游经营者、旅游者请求对方承担违约责任的，人民法院不予支持。旅游者请求旅游经营者退还尚未实际发生的费用的，人民法院应予支持。”

可见，因新冠肺炎疫情导致旅游合同不能继续履行，属于不可抗力，张某可以以此为由主张解除旅游合同，旅游公司也可以以此为由免除部分责任。也就是说，旅游公司退还张某旅游费的数额并非2万元，而是需要扣除一些已经支付的其他费用。

在此提醒读者，新冠肺炎疫情原则上属于不可抗力，并不意味着对每一份具体合同均构成不可抗力的免责事由，应结合个案合同的具体情形予以判断，即新冠肺炎疫情及其防控措施与合同的无法履行之间是否存在直接的因果关系。只有合同不能履行是不可抗力导致的，当事人才能以不可抗力为由主张免责。

相关法条链接

中华人民共和国合同法（节选）

第一百一十七条 因不可抗力不能履行合同的，根据不可抗力的影响，部分或者全部免除责任，但法律另有规定的除外。当事人迟延履行后发生不可抗力的，不能免除责任。

本法所称不可抗力，是指不能预见、不能避免并不能克服的客观情况。

中华人民共和国旅游法（节选）

第六十七条 因不可抗力或者旅行社、履行辅助人已尽合理注意义务仍不能避免的事件，影响旅游行程的，按照下列情形处理：

（一）合同不能继续履行的，旅行社和旅游者均可以解除合同。合同不能完全履行的，旅行社经向旅游者作出说明，可以在合理范围内变更合同；旅游者不同意变更的，可以解除合同。

（二）合同解除的，组团社应当在扣除已向地接社或者履行辅助人支付且不可退还的费用后，将余款退还旅游者；合同变更的，因此增加的费用由旅游者承担，减少的费用退还旅游者。

（三）危及旅游者人身、财产安全的，旅行社应当采取相应的安全措施，因此支出的费用，由旅行社与旅游者分担。

（四）造成旅游者滞留的，旅行社应当采取相应的安置措施。因此增加的食宿费用，由旅游者承担；增加的返程费用，由旅行社与旅游者分担。

最高人民法院关于审理旅游纠纷案件适用法律若干问题的规定（节选）

第十三条 因不可抗力等不可归责于旅游经营者、旅游辅助服务者的客观原因导致旅游合同无法履行，旅游经营者、旅游者请求解除旅游合同的，人民法院应予支持。旅游经营者、旅游者请求对方承担违约责任的，人民法院不予支持。旅游者请求旅游经营者退还尚未实际发生的费用的，人民法院应予支持。

因不可抗力等不可归责于旅游经营者、旅游辅助服务者的客观原因变更旅游行程，在征得旅游者同意后，旅游经营者请求旅游者分担因此增加的旅游费用或旅游者请求旅游经营者退还因此减少的旅游费用的，人民法院应予支持。

承租人能否以疫情为由，要求解除合同?

因新冠肺炎疫情形势趋缓，全国各地企业在做好疫情防控工作的前提下，复工复产有序推进。然而一些中小企业不得不面对的问题是：受疫情影响，企业生产经营情况遭受严重影响，而商铺、厂房等租赁成本却丝毫未减少，导致租赁合同履行困难。在此情况下，承租人能否以疫情为由解除租赁合同并免除违约责任？看看下面这个案例[①]就有答案了。

2017 年 6 月，出租人张某与承租人王某签订《商铺租赁合同》，合同约定租赁期限为 10 年（即 2017 年 7 月 1 日至 2027 年 6 月 30 日），自第二年起支付租金。按照合同约定，王某应于 2019 年 6 月底之前支付自 2018 年 7 月 1 日至 2019 年 6 月 30 日的商铺租金 15000 元，但其始终未支付。另外，根据二人签订的《商铺租赁合同》，承租人不能按期支付租金的，每逾期一日

① 贵德县人民法院（2020）青 2523 民初 99 号裁判文书

按应支付租金的万分之二作为违约金，租金逾期超过6个月的，出租人有权解除合同。现王某逾期未支付租金，张某向法院提起诉讼，要求王某支付租金及违约金15690元。

王某称，其对张某所述的自2018年7月1日至2019年6月30日租金15000元无异议，对违约金的主张不认可。王某认为，根据“合同法”第九十四条和第一百一十七条的规定，因不可抗力致使不能实现合同目的的，当事人可以解除合同。不可抗力，是指不能预见、不能避免并不能克服的客观情况。2020年1月初，全国突发新型冠状病毒肺炎疫情，各省陆续启动重大突发公共卫生事件一级响应，这种情况导致合同根本无法履行，构成不可抗力。且《商铺租赁合同》明确约定“因不可抗力导致本合同无法履行的，本合同自动解除，且双方互不承担责任”，因此王某要求解除二人签订的《商铺租赁合同》，且不同意支付违约金。

张某则表示不同意解除合同，因为自己主张的租金及违约金为2018年至2019年的，而新冠肺炎疫情是2020年发生的，与其主张的租金及违约金无关。且王某在疫情期间并未考虑安全问题，仍在营业，却一直拖欠商铺租金。

综合以上案件事实可以看出，王某想利用新冠肺炎疫情的影响解除双方签订的租赁合同，那么该租赁合同能否解除？

根据“合同法”第八条的规定：“依法成立的合同，对当事人具有法律约束力。当事人应当按照约定履行自己的义务，不得擅自变更或者解除合同。依法成立的合同，受法律保护。”本案中，双方签订的租赁合同系双方真实意思表示，不违反法律、行政法规的强制性规定，双方应按照合同的约定履行义务。

根据“合同法”第二百二十六条规定，“承租人应当按照约定的期限支付租金”。第二百二十七条规定，“承租人无正当理由未支付或者迟延支付租金的，出租人可以要求承租人在合理期限内支付。承租人逾期不支付的，出租人可以解除合同”。可见，张某主张王某按合同约定给付自 2018 年 7 月 1 日至 2019 年 6 月 30 日铺面的租金 15000 元符合法律规定，且王某对于欠付租金的具体数额认可，故其应当按照合同约定支付租金。

关于违约金部分，根据“合同法”第一百零七条的规定，“当事人一方不履行合同义务或者履行合同义务不符合约定的，应当承担继续履行、采取补救措施或者赔偿损失等违约责任”。王某未按照合同约定履行义务，张某按照合同约定要求王某给付违约金符合事实及法律规定，且计算标准并未过分高于实际损失，可以得到法院的支持。

关于王某提出因新型冠状病毒引起的肺炎疫情全国各地启动重大突发公共卫生事件一级响应，属于导致合同无法履行的不可抗力，据此要求按“合同法”规定的不可抗力情形解除租赁合同，从实际情况来看，双方所在的地区已被当地人民政府调整为一般防控区，社会生产、生活秩序已恢复正常，商铺所涉广场也基本恢复正常营业，双方签订的租赁合同并非无法履行，所以王某以不可抗力导致合同无法履行为由主张解除租赁合同，缺少事实及法律依据，难以得到支持。

需要注意的是，不可抗力条款并非不履行合同义务的“免死金牌”。即使存在不可抗力事由，合同是否能够解除依然有赖于其对合同目的是否能够实现作为判断基础。合同目的由于不可抗力而无法实现时，才有可能导致合同解除。因此，如遇到因新冠肺炎疫情导致合同目的无法实现的，当事人应及时通知合同相对方，告知其因疫情不能履行合同，并提供相关不能履行合同的证明。同时，以不可抗力主张免责时，当事人还应当积极采取措施避免或者减少因不可抗力违约而可能扩大的损失，否则，当事人可能仍需就扩大的损失承担责任。

相关法条链接

中华人民共和国合同法（节选）

第八条　依法成立的合同，对当事人具有法律约束力。当事人应当按照约定履行自己的义务，不得擅自变更或者解除合同。

依法成立的合同，受法律保护。

第九十四条　有下列情形之一的，当事人可以解除合同：

（一）因不可抗力致使不能实现合同目的；

（二）在履行期限届满之前，当事人一方明确表示或者以自己的行为表明不履行主要债务；

（三）当事人一方迟延履行主要债务，经催告后在合理期限内仍未履行；

（四）当事人一方迟延履行债务或者有其他违约行为致使不能实现合同目的；

（五）法律规定的其他情形。

第一百零七条 当事人一方不履行合同义务或者履行合同义务不符合约定的，应当承担继续履行、采取补救措施或者赔偿损失等违约责任。

第一百一十七条 因不可抗力不能履行合同的，根据不可抗力的影响，部分或者全部免除责任，但法律另有规定的除外。当事人迟延履行后发生不可抗力的，不能免除责任。

本法所称不可抗力，是指不能预见、不能避免并不能克服的客观情况。

第二百二十六条 承租人应当按照约定的期限支付租金。对支付期限没有约定或者约定不明确，依照本法第六十一条的规定仍不能确定，租赁期间不满一年的，应当在租赁期间届满时支付；租赁期间一年以上的，应当在每届满一年时支付，剩余期间不满一年的，应当在租赁期间届满时支付。

第二百二十七条 承租人无正当理由未支付或者迟延支付租金的，出租人可以要求承租人在合理期限内支付。承租人逾期不支付的，出租人可以解除合同。

中华人民共和国民法典（节选）

第一百八十条 因不可抗力不能履行民事义务的，不承担民事责任。法律另有规定的，依照其规定。

不可抗力是不能预见、不能避免且不能克服的客观情况。

第五百六十三条 有下列情形之一的，当事人可以解除合同：

（一）因不可抗力致使不能实现合同目的；

（二）在履行期限届满前，当事人一方明确表示或者以自己的行为表明不履行主要债务；

（三）当事人一方迟延履行主要债务，经催告后在合理期限内仍未履行；

（四）当事人一方迟延履行债务或者有其他违约行为致使不能实现合同目的；

（五）法律规定的其他情形。

以持续履行的债务为内容的不定期合同，当事人可以随时解除合同，但是应当在合理期限之前通知对方。

第七百二十二条 承租人无正当理由未支付或者迟延支付租金的，出租人可以请求承租人在合理期限内支付；承租人逾期不支付的，出租人可以解除合同。

培训机构突然人去楼空，培训费如何追回？

“现在社会竞争这么激烈，孩子从小不抓紧怎么行，总不能让他输在起跑线上。”这句话道出了很多家长的心声。每逢寒暑假，很多家长为了让孩子多掌握技能和知识，给孩子报名参加很多培训辅导班，比如英语、书法、钢琴、跆拳道等。但是，如果家长没有对培训辅导机构进行慎重考察，而是盲目地给孩子报了名，就有可能出现课没上完，甚至于还没开课，培训机构已经人去楼空的情况。那么发生这样的事情后，作为家长该如何追回已经支付的培训费呢？

我们不妨看看下面这个案例①，也许就有答案了。

2018 年 12 月，某健身俱乐部入驻老王居住的小区，该俱乐部为了招收客源，做了大量优惠宣传工作。12 月底，老王

---

① 北京市平谷区人民法院（2018）京 0117 民初 9464 号裁判文书

与该健身俱乐部签订协议，约定老王的孩子在该俱乐部上跆拳道学习课，课程 50 节，学费 3486 元。老王当天以转账的方式向该健身俱乐部支付了全部学费。后该俱乐部做促销活动，老王又转账给俱乐部的杨教练 1494 元，俱乐部送了 20 节课。综上，该健身俱乐部共计应为老王的孩子提供 70 节课，但实际上，老王的孩子仅上了 13 节课后就没有再进行教学训练。在已经上完的 13 节课程中，该俱乐部因自身原因在未告知老王的情况下临时换了四次教练。后又告知老王暂时将跆拳道课程停止，导致老王的孩子不能继续上课。

老王多次找该健身俱乐部索要剩余 57 节课的学费，俱乐部拒绝退款，告知其等待进一步安排。后老王再找健身俱乐部工作人员协商退款事宜时，发现该健身俱乐部已经人去楼空，无奈之下老王给当初负责报名的工作人员打电话，起初对方还正常接听，告知其认可学费及课程事宜，让老王继续等待。之后老王再打电话就打不通了。在此情况下，老王将《俱乐部培训课程协议》、健身俱乐部出具的收据、转账记录等证据收集好后将该健身俱乐部诉至法院，要求退还剩余 57 节课的学费。

根据我国法律规定，合同当事人应当按照约定全面履行自己的义务。本案中，根据老王提供的证据可以证明，其与健身俱乐部之间约定了教学课程节数以及学费数额，双方形成了服务合同关系。老王依约支付了学费，但该健身俱乐部未按约定提供全部教学课程，故老王要求健身俱乐部返还剩余课程对应学费的请求具有事实和法律依据。由于该健身俱乐部经法院传票传唤未到庭参加诉讼，视为其自动放弃答辩、举证、质证、辩论等诉讼权利。最后，法院支持了老王的诉讼请求。

该案中，老王虽然通过诉讼赢了官司，拿到了胜诉的判决书，但是该健身俱乐部账户中无钱款可供执行，且该健身俱乐部已拖欠数十位家长的培训费，被法院列为失信被执行人，老王拿了生效的判决书却没有拿回本应退还给他的培训费。

通过该案，在此提醒望子成龙、望女成凤的家长们：在为孩子报名培训辅导机构时，切勿盲目跟风。首先，应选择正规的培训机构，最好是提前对培训机构进行实地考察，了解培训机构是否具有培训项目的资质，实际营业场所及师资人员情况是否与宣传一致。其次，在报名时与培训机构之间签订规范的书面合同，交费后要求培训机构开具正规发票或收款凭证，如培训费是打入工作人员个人账户，应当要求其在培训合同中注明原因。最后，在选择培训机构时，为避免培训合同没有履行完毕发生人去楼空的现象，家长可以通过互联网上的公开渠道提前查询培训机构的企业信用信息，以及有无涉诉案件、是否被列为失信被执行人等情况。总之，就是要选择正规的培训机构，签订书面的培训合同。这样，即使培训机构发生违约等情形，家长们也可按照合同的约定依法维权。

相关法条链接

中华人民共和国合同法（节选）

第六十条 当事人应当按照约定全面履行自己的义务。

当事人应当遵循诚实信用原则，根据合同的性质、目的和交易习惯履行通知、协助、保密等义务。

第一百零七条 当事人一方不履行合同义务或者履行合同义务不符合约定的，应当承担继续履行、采取补救措施或者赔偿损失等违约责任。

中华人民共和国民法典（节选）

第五百零九条 当事人应当按照约定全面履行自己的义务。

当事人应当遵循诚信原则，根据合同的性质、目的和交易习惯履行通知、协助、保密等义务。

当事人在履行合同过程中，应当避免浪费资源、污染环境和破坏生态。

第五百七十七条 当事人一方不履行合同义务或者履行合同义务不符合约定的，应当承担继续履行、采取补救措施或者赔偿损失等违约责任。

买到瑕疵车辆，该如何依法维权？

当下，无论是繁华的都市还是静谧的农村，汽车已经逐渐成为重要的代步工具。但是随着汽车消费市场的逐步扩大，汽车购买过程中质量问题也越来越多。对于消费者来说，如果买到瑕疵车辆，该如何维护自己的合法权益？下面这个案例①就是因买车过程中4S店故意隐瞒车辆瑕疵而引起的维权纠纷。

2016年8月30日，邓某至永达公司下属的一家4S店打算订购一辆轿车。当日，邓某与永达公司签订订单并约定：车辆价款250000元，预付定金5000元。双方还签订了《委托服务协议》，约定由永达公司为邓某代理办理金融贷款、车辆保险等事宜，并就各项事宜的相关费用或预估费用作出约定。订购车辆当日，邓某即按约定支付了5000元购车定金。数日后，

① 上海市浦东新区人民法院（2016）沪0115民初81221号裁判文书、上海市第一中级人民法院（2016）沪01民终7144号裁判文书

邓某购买的车辆到货，同年9月27日，邓某支付车辆余款，永达公司向邓某开具了价税合计250000元的机动车销售统一发票。之后，永达公司为邓某办理车辆保险业务、贷款业务。同年10月2日，永达公司向邓某交付购买的车辆及车辆“三包”凭证、车辆保单、售前检查证明等相关材料。之后几天邓某发现购买的车辆在行驶中有车轮跑偏、方向盘往右偏的现象，故至永达公司下属的4S店反映情况，过程中邓某意外发现该车辆在2016年9月12日有过维修记录，且做过拆装后保险杠整喷，于是立即与永达公司工作人员交涉，要求永达公司退货并赔偿损失，永达公司同意退货但拒绝赔偿，仅同意免费提供三次车辆保养。于是，邓某向法院提起诉讼。

法院经审理认为，《中华人民共和国消费者权益保护法》（以下简称“消费者权益保护法”）规定了消费者的知情权、选择权和经营者的相应义务。该法第八条第一款规定，“消费者享有知悉其购买、使用的商品或者接受的服务的真实情况的权利”。该法第九条规定，“消费者享有自主选择商品或者服务的权利。消费者有权自主选择提供商品或者服务的经营者，自主选择商品品种或者服务方式，自主决定购买或者不购买任何一种商品、接受或者不接受任何一项服务。消费者在自主选择商品或者服务时，有权进行比较、鉴别和挑选”。

汽车属于比较复杂的商品，涉及大量的专业知识，消费者对相关领域的专业知识和信息知悉有限，在经营者和消费者之间存在严重的信息不对称。在判断需要主动告知消费者知情内容的范围时，一方面，应基于消费者在交易信息不对称中的弱势地位，给予特别保护，经营者不能以行业认知、行业惯例来对抗消费者所享有的知情权。另一方面，并非所有信息均应告知消费者。具体到售前质量检测，相关PDI维修的内容是否属于消费者知情权的范围，应根据一般消费者的认知能力、消费心理及对消费者选择权行使的影响作出判断，直接影响消费者选择权行使和真实意思表示的信息，属于经营者应当主动披露的信息。永达公司未告知邓某购买的车辆已有瑕疵并实施“拆装后保、后保整喷”的维修行为侵犯了邓某作为消费者的知情权。永达公司未履行告知义务，侵犯了邓某作为消费者的选择权，使其陷入错误认识，属于故意隐瞒真实情况，构成欺诈。最终，法院判决永达公司退还邓某25万元购车款，并承担3倍惩罚性赔偿共计75万元。

经营者向消费者提供商品或者服务，应当恪守社会公德，诚信经营，保障消费者的合法权益。“民法典”涵盖了消费者民事权益的方方面面。该法第一百二十八条规定：“法律对未成年人、老年人、残疾人、妇女、消费者等的民事权利保护有特别规定的，依照其规定。”纵观整部“民法典”，提到“消费者”的仅有这一处，这是因为作为一部基础性的民事法典，对特殊人群、特殊法律关系的保护，受立法篇幅所限不能穷尽。因此，“民法典”做了原则性规定，对“消费者权益保护法”等法律对消费者权益有特别保护的规定予以认可，为消费者权益保护设定了基础性的保障原则。

在此提醒读者，日常生活中如果我们买到瑕疵车辆，首先应和销售商积极沟通解决问题；如果沟通无效，可拨打12315消费者投诉热线等官方投诉渠道进行投诉。同时，还可以搜集各种证据向法院提起民事诉讼，要求销售商退货并赔偿损失。

相关法条链接

中华人民共和国合同法（节选）

第二十五条 承诺生效时合同成立。

第五十四条 下列合同，当事人一方有权请求人民法院或者仲裁机构变更或者撤销：

（一）因重大误解订立的；

（二）在订立合同时显失公平的。

一方以欺诈、胁迫的手段或者乘人之危，使对方在违背真实意思的情况下订立的合同，受损害方有权请求人民法院或者仲裁机构变更或者撤销。

当事人请求变更的，人民法院或者仲裁机构不得撤销。

第五十八条 合同无效或者被撤销后，因该合同取得的财产，应当予以返还；不能返还或者没有必要返还的，应当折价补偿。有过错的一方应当赔偿对方因此所受到的损失，双方都有过错的，应当各自承担相应的责任。

中华人民共和国消费者权益保护法（节选）

第八条 消费者享有知悉其购买、使用的商品或者接受的服务的真实情况的权利。

消费者有权根据商品或者服务的不同情况，要求经营者提供商品的价格、产地、生产者、用途、性能、规格、等级、主要成份、生产日期、有效期限、检验合格证明、使用方法说明书、售后服务，或者服务的内容、规格、费用等有关情况。

第九条 消费者享有自主选择商品或者服务的权利。

消费者有权自主选择提供商品或者服务的经营者，自主选择商品品种或者服务方式，自主决定购买或者不购买任何一种商品、接受或者不接受任何一项服务。

消费者在自主选择商品或者服务时，有权进行比较、鉴别和挑选。

第二十三条 经营者应当保证在正常使用商品或者接受服务的情况下其提供的商品或者服务应当具有的质量、性能、用途和有效期限；但消费者在购买该商品或者接受该服务前已经知道其存在瑕疵，且存在该瑕疵不违反法律强制性规定的除外。

经营者以广告、产品说明、实物样品或者其他方式表明商品或者服务的质量状况的，应当保证其提供的商品或者服务的实际质量与表明的质量状况相符。

经营者提供的机动车、计算机、电视机、电冰箱、空调器、洗衣机等耐用商品或者装饰装修等服务，消费者自接受商品或者服务之日起六个月内发现瑕疵，发生争议的，由经营者承担有关瑕疵的举证责任。

第五十五条 经营者提供商品或者服务有欺诈行为的，应当按照消费者的要求增加赔偿其受到的损失，增加赔偿的金额为消费者购买商品的价款或者接受服务的费用的三倍；增加赔偿的金额不足五百元的，为五百元。法律另有规定的，依照其规定。

经营者明知商品或者服务存在缺陷，仍然向消费者提供，造成消费者或者其他受害人死亡或者健康严重损害的，受害人有权要求经营者依照本法第四十九条、第五十一条等法律规定赔偿损失，并有权要求所受损失二倍以下的惩罚性赔偿。

中华人民共和国民法典（节选）

第一百二十八条 法律对未成年人、老年人、残疾人、妇女、消费者等的民事权利保护有特别规定的，依照其规定。

网络购物遭欺诈，消费者该如何挽回损失？

当下，随着互联网的飞速发展，网络购物已经成为很多人购物的主要方式。此次疫情期间，为了避免人群聚集以及人与人之间接触，网络购物的优势更加凸显。我们坐在家里，只需要用手机打开购物网站，就可以随心选购想要购买的商品，快递员便会将商品送到我们家里。正是因为这种购物方式的快捷性，越来越多的人开始选择网络购物。但凡事都具有两面性，网络购物也有它的弊端，比如网站产品宣传不实，后续服务跟不上，产品质量参差不齐，消费者很容易买到假冒伪劣产品。那么，在日常生活中，一旦我们网络购物时遭遇欺诈，该如何维权呢？一起看看这个案例①。

2018 年 12 月，张某在某购物网站上购买了一款苹果电

---

① 北京互联网（2019）京 0491 民初 7568 号裁判文书

脑，实际付款金额为6400元，订单备注为：“13.3寸、i5处理器，8G运行内存，512G固态硬盘”等。收到电脑后，张某发现商家邮寄的苹果电脑与购买前协商的电脑型号不一致，且不是正品，并提交了相关的截图进行佐证。但商家不予认可，认为邮寄的电脑就是张某提交订单中的商品。双方产生分歧，张某将商家诉至法院，要求商家退货退款，并三倍赔偿。

庭审中，张某与商家对于商品是否为苹果电脑正品存在争议，亦无法就核实方式达成一致意见。经法院释明，双方同意对涉案苹果电脑进行鉴定，后经鉴定，商家邮寄的电脑并非正品。

法院认为，张某从商家购买涉案电脑并支付了货款，双方之间建立了网络购物合同关系，该网络购物合同系双方当事人的真实意思表示，未违反法律、行政法规的强制性规定，应合法有效，双方均应按约定履行各自的义务。本案中，张某主张商家销售的涉案电脑并非正品，商家予以否认，后经鉴定涉案电脑非正品。法院认为，商家在销售电脑的过程中，没有向张某就不同型号电脑的差别情况予以合理解释，也没有按照张某订单备注的要求进行发货，且经鉴定，商家交付的涉案电脑并非正品苹果电脑。故认定商家的行为已构成了对消费者的欺诈，对张某要求商家退货退款并三倍赔偿的诉讼请求予以支持，相关鉴定费用，亦由商家承担。

“合同法”第五十四条第二款规定，“一方以欺诈、胁迫的手段或者乘人之危，使对方在违背真实意思的情况下订立的合同，受损害方有权请求人民法院或者仲裁机构变更或者撤销”。“消费者权益保护法”第五十五条第一款规定，“经营者提供商品或者服务有欺诈行为的，应当按照消费者的要求增加赔偿其受到的损失，增加赔偿的金额为消费者购买商品的价款或者接受服务的费用的三倍；增加赔偿的金额不足五百元的，为五百元。法律另有规定的，依照其规定”。因此，在日常生活中，一旦我们网络购物遭遇欺诈，根据上述法律规定，可以要求商家退货退款，并可以主张购买商品价款的三倍赔偿。

随着网络购物合同纠纷的逐年递增，“民法典”顺应电子商务发展的时代潮流，明确界定了电子合同的性质、成立时间、交付时间等相关问题，对消费者在网络购物过程中可能遇到的法律问题予以关注与回应。其中第四百九十一条第二款规定，“当事人一方通过互联网等信息网络发布的商品或者服务信息符合要约条件的，对方选择该商品或者服务并提交订单成功时合同成立，但是当事人另有约定的除外。”第五百一十二条规定，通过互联网等信息网络订立的电子合同的标的为交付商品并采用快递物流方式交付的，收货人的签收时间为交付时间。

当下，网络购物越来越发达，与之相对应的消费陷阱也越来越多。在此提醒大家，在网络购物过程中，一定要擦亮眼睛，选择正规网站和正规商家进行交易，一旦买到不合格产品，应保留好相关购物证据，及时拿起法律武器维护自身的合法权益。

相关法条链接

中华人民共和国合同法（节选）

第五十四条 下列合同，当事人一方有权请求人民法院或者仲裁机构变更或者撤销：

（一）因重大误解订立的；

（二）在订立合同时显失公平的。

一方以欺诈、胁迫的手段或者乘人之危，使对方在违背真实意思的情况下订立的合同，受损害方有权请求人民法院或者仲裁机构变更或者撤销。

当事人请求变更的，人民法院或者仲裁机构不得撤销。

中华人民共和国消费者权益保护法（节选）

第五十五条 经营者提供商品或者服务有欺诈行为的，应当按照消费者的要求增加赔偿其受到的损失，增加赔偿的金额为消费者购买商品的价款或者接受服务的费用的三倍；增加赔偿的金额不足五百元的，为五百元。法律另有规定的，依照其规定。

经营者明知商品或者服务存在缺陷，仍然向消费者提供，造成消费者或者其他受害人死亡或者健康严重损害的，受害人有权要求经营者依照本法第四十九条、第五十一条等法律规定赔偿损失，并有权要求所受损失二倍以下的惩罚性赔偿。

中华人民共和国民法典（节选）

第四百九十一条　当事人采用信件、数据电文等形式订立合同要求签订确认书的，签订确认书时合同成立。

当事人一方通过互联网等信息网络发布的商品或者服务信息符合要约条件的，对方选择该商品或者服务并提交订单成功时合同成立，但是当事人另有约定的除外。

第五百一十二条　通过互联网等信息网络订立的电子合同的标的为交付商品并采用快递物流方式交付的，收货人的签收时间为交付时间。电子合同的标的为提供服务的，生成的电子凭证或者实物凭证中载明的时间为提供服务时间；前述凭证没有载明时间或者载明时间与实际提供服务时间不一致的，以实际提供服务的时间为准。

电子合同的标的物为采用在线传输方式交付的，合同标的物进入对方当事人指定的特定系统且能够检索识别的时间为交付时间。

电子合同当事人对交付商品或者提供服务的方式、时间另有约定的，按照其约定。

劳动用工篇

解惑老百姓身边的法律问题

求职遭遇隐形歧视，权益如何维护？

“对不起，我们只招男生”“你的学校不是‘双一流’，不符合我们的招聘条件”“你的身高不到 1.70 米，不符合我们的要求”……类似这样的招聘要求，在当今供需不平衡的就业市场，一直客观存在着。由于法律的约束，当下许多用人单位已经很少在招聘启事上的“任职条件”中明显地进行歧视性表述。然而，就业歧视仍然以一种更隐秘的方式存在。下面这两则案例告诉我们，一旦求职遭遇隐形就业歧视，可以通过诉讼的方式维护自己的合法权益。

2019 年 11 月初，一则“女孩招聘被拒，因为她是河南人”的新闻消息很快上了网络热搜。这则消息说的是，2019 年 7 月，河南女孩小闫通过某招聘平台向浙江某度假村有限公司提交简历材料，准备应聘公司法务或董事长助理两个岗位。随后，该公司向小闫发出不适合此岗位的通知，不适合原因写着“河南人”三个字。于是，小闫向法院起诉，要求公司登报道歉，并赔偿精神损失费6万元。杭州互联网法院受理了此案，经过审理，法院认为该公司构成对小闫的地域歧视，侵害其平等就业权。判决该公司赔偿小闫精神抚慰金9000元，以及合理维权费用损失1000元，共计10000元[①]。

还有一则与此类似的案例[②]：女大学生小曹从北京某大学毕业后，开始了求职就业之路。她在求职网站上看到一家教育公司招聘行政助理的信息，觉得自己各方面条件都很符合要求，于是向招聘邮箱投递了简历，等了十几天未接到面试通知，小曹就通过电话询问这家教育公司，得到该公司一名工作人员的答复，说："我们这个职位只招男性，即使你各项条件都符合，我们也不会考虑的"。这个答复令小曹非常吃惊，和小闫一样，小曹最终选择一纸诉状将这家公司告上法庭。

这两则案例中，小闫在就业中受到了地域歧视，而小曹在求职中受到了性别歧视，她们之所以最终都选择通过法律途径来维护自己的合法权益，是因为"宪法"明确规定了平等的劳动权和就业权。"宪法"第四十二条规定，"中华人民共和国公民有劳动的权利和义务"。劳动是一切有劳动能力的公民的光荣职责。可见，劳动权是我国公民的一项基本权利，受"宪法"保护。"宪法"第三十三条规定："中华人民共和国公

① 杭州互联网法院（2019）浙0192民初6405号裁判文书
② 新华网

民在法律面前一律平等。”《中华人民共和国就业促进法》（以下简称“就业促进法”）第三条规定：“劳动者依法享有平等就业和自主择业的权利。劳动者就业，不因民族、种族、性别、宗教信仰等不同而受歧视。”也就是说，只要是中华人民共和国公民，就应该享有平等的劳动权和就业权。

但是，受传统思想和经济社会发展现状的影响，我国目前的就业市场和就业环境中仍存在各种各样的就业歧视，比如性别歧视、年龄歧视、相貌歧视、身高歧视、地域歧视、户籍歧视等，这些就业歧视不仅违反了“宪法”“劳动法”“就业促进法”以及《中华人民共和国妇女权益保障法》等法律规定，严重损害了劳动者的平等就业权，而且阻碍了劳动力的合理流动和劳动力资源的优化配置，破坏了市场的公平竞争环境。

在此提醒，如果大家在就业或求职中遭遇到类似的歧视，首先要勇敢地说“不”，要向当地劳动监察部门举报，既可以实名举报，也可以匿名举报，让劳动监察部门去纠正企业的违法行为。同时，还可以拿起法律武器，通过诉讼的方式维护自己的合法权益。

相关法条链接

中华人民共和国宪法（节选）

第四十二条 中华人民共和国公民有劳动的权利和义务。

国家通过各种途径，创造劳动就业条件，加强劳动保护，改善劳动条件，并在发展生产的基础上，提高劳动报酬和福利待遇。

劳动是一切有劳动能力的公民的光荣职责。国有企业和城乡集体经济组织的劳动者都应当以国家主人翁的态度对待自己的劳动。国家提倡社会主义劳动竞赛，奖励劳动模范和先进工作者。国家提倡公民从事义务劳动。

国家对就业前的公民进行必要的劳动就业训练。

中华人民共和国就业促进法（节选）

第三条 劳动者依法享有平等就业和自主择业的权利。

劳动者就业，不因民族、种族、性别、宗教信仰等不同而受歧视。

第二十七条 国家保障妇女享有与男子平等的劳动权利。

用人单位招用人员，除国家规定的不适合妇女的工种或者岗位外，不得以性别为由拒绝录用妇女或者提高对妇女的录用标准。

用人单位录用女职工，不得在劳动合同中规定限制女职工结婚、生育的内容。

中华人民共和国劳动法（节选）

第十二条 劳动者就业，不因民族、种族、性别、宗教信仰不同而受歧视。

用人单位能否与员工协商延长试用期限？

劳动者在工作时，一般都会遇到有关试用期的问题。其实，对于刚入职的劳动者来说，试用期就是劳动者与用人单位之间一个双向选择的过程。对于劳动者而言，可以在这段时间考察用人单位的工作氛围以及自己对相关工作的胜任程度。对于用人单位而言，也是对劳动者工作能力以及综合素质等进行衡量和检验的一个阶段。所以，用人单位在招录新人时，通常会与劳动者协商约定一定期限的试用期。如果约定的试用期届满，用人单位觉得还需要对劳动者的工作能力进行考察，那么，此时用人单位能否与劳动者协商延长试用期限？

下面，我们来看看这个案例①，就有答案了。

卢某于 2018 年 7 月 27 日入职某数据公司，岗位为销售，双方签署了期限为 2018 年 7 月 27 日至 2021 年 7 月 26 日的劳

① 北京市第二中级人民法院（2019）京 02 民终 13912 号裁判文书

动合同，其中约定试用期为 2018 年 7 月 27 日至 2018 年 10 月 26 日。2018 年 10 月 25 日，卢某与该数据公司协商变更试用期至 2019 年 1 月 26 日。

2018 年 12 月 14 日，该数据公司与卢某解除劳动合同，原因：①未完成试用期考核指标，被证明不符合录用条件；②严重违反考勤制度，截至 2018 年 12 月 13 日，缺勤及无故旷工天数累计 16 天。2018 年 12 月 17 日，卢某申请劳动仲裁，要求该数据公司支付解除劳动合同经济补偿、工资差额、报销款等，劳动仲裁机构支持了卢某的部分请求，该数据公司不服诉至法院。

法院经审理认为，《中华人民共和国劳动合同法》（以下简称“劳动合同法”）第十九条第二款规定，“同一用人单位与同一劳动者只能约定一次试用期”。该数据公司与卢某签订的劳动合同已明确约定试用期至 2018 年 10 月 26 日。数据公司虽主张其已与卢某签订了劳动合同变更协议书，将试用期延长至 2019 年 1 月 26 日，但该约定违反了法律强制性规定，应属无效。故数据公司主张其无须支付 2018 年 11 月 20 日至 12 月 12 日工资及差额的请求缺乏依据。

此外，对于案件中所涉及的解除劳动合同的经济补偿金，根据《最高人民法院关于审理劳动争议案件适用法律若干问题的解释（一）》第四十四条“因用人单位作出的开除、除名、辞退、解除劳动合同、减少劳动报酬、计算劳动者工作年限等决定而发生的劳动争议，用人单位负举证责任”的规定，数据公司以不符合录用条件及严重违反劳动纪律为由解除劳动合同，但其提交的证据不足以证明其主张的事实，应承担举证不能的不利后果。因此，数据公司提出的无须支付解除劳动合同经济补偿的诉讼请求也未得到法院支持。

综合本案的案情来看，其实争议的焦点是：数据公司能否与卢某约定延长试用期。根据“劳动合同法”第十九条第二款规定，“同一用人单位与同一劳动者只能约定一次试用期”。也就是说，按照法律规定，用人单位不能与劳动者随意约定延长试用期限。在司法实践中，前几年倾向于认为用人单位不得单方决定延长试用期，但是对于用人单位与劳动者在法定最高的试用期范围内协商一致延长是认可的。但是近年来，司法实践中的裁判倾向于认为用人单位和劳动者在已经明确约定试用期的情况下，双方又再次约定延长试用期的行为违反了“同一用人单位与同一劳动者只能约定一次试用期”的法律规定，构成违法约定试用期。

在此提醒，用人单位在招录员工与其签订合同约定试用期时，应严格按照相关法律规定，执行双方订立劳动合同时约定的试用期，而不得单方决定延长或与员工约定延长试用期。如果用人单位所在地的司法实践认可约定延长试用期这一操作，用人单位也应当谨慎决定是否与劳动者延长试用期。如果用人单位在法定期限内延长试用期，首先必须在之前约定的试用期届满前与劳动者达成一致或征得劳动者的同意，同时，建议用人单位务必采用书面形式征求劳动者的意见，劳动者同意的，由其签字确认，然后妥善保存该意见，以便发生劳资纠纷时，能够有的放矢。

相关法条链接

中华人民共和国劳动合同法（节选）

第十九条 劳动合同期限三个月以上不满一年的，试用期不得超过一个月；劳动合同期限一年以上不满三年的，试用期不得超过二个月；三年以上固定期限和无固定期限的劳动合同，试用期不得超过六个月。

同一用人单位与同一劳动者只能约定一次试用期。

以完成一定工作任务为期限的劳动合同或者劳动合同期限不满三个月的，不得约定试用期。

试用期包含在劳动合同期限内。劳动合同仅约定试用期的，试用期不成立，该期限为劳动合同期限。

第二十条 劳动者在试用期的工资不得低于本单位相同岗位最低档工资或者劳动合同约定工资的百分之八十，并不得低于用人单位所在地的最低工资标准。

第二十一条 在试用期中，除劳动者有本法第三十九条和第四十条第一项、第二项规定的情形外，用人单位不得解除劳动合同。用人单位在试用期解除劳动合同的，应当向劳动者说明理由。

签订两次固定期限劳动合同后，用人单位能否终止劳动合同？

用人单位在经营管理过程中，与员工之间由于工资问题、履行劳动合同等各种原因，对簿公堂的事情时有发生。尤其是劳动合同的履行，作为强势一方的用人单位认为劳动合同到期后可以随意终止与员工签订的劳动合同。但这种做法显然是不正确的，且不利于企业的正常发展。按照“劳动合同法”规定，用人单位应与劳动者签署书面劳动合同。劳动合同分为固定期限劳动合同、无固定期限劳动合同和以完成一定工作任务为期限的劳动合同。第一次固定期限劳动合同到期后，用人单位有权终止劳动合同，但是第二次固定期限劳动合同到期后，用人单位是否有权终止劳动合同呢？下面，我们来看看这个案例①。

① 北京市第二中级人民法院（2018）京02民终2576号裁判文书

李某与某物业公司于 2015 年 7 月 9 日签订了一份日期为 2015 年 5 月 18 日至 2016 年 5 月 31 日的固定期限劳动合同，劳动合同约定的期限届满后，双方于 2016 年 9 月 1 日再次签订了一份日期为 2016 年 7 月 1 日至 2017 年 6 月 30 日的固定期限劳动合同。

2017 年 5 月 31 日，该物业公司向李某送达《合同到期通知》，称“公司与您签订的劳动合同将于 2017 年 6 月 30 日到期。根据公司岗位需求变化，公司决定不再同您续约。望按合同要求和公司规定如期办理离职手续”。2017 年 6 月 20 日，李某向该物业公司送达了《提请续订无固定期限劳动合同的申请》，表示“本人自 2015 年 5 月 18 日至 2017 年 6 月 30 日，已与公司连续订立两次固定期限劳动合同，依据‘劳动合同法’第十四条法律法规的相关规定，本人符合续订无固定期限劳动合同的条件，故在本次合同到期前提请公司与本人续订无固定期限劳动合同，望公司尽快与本人办理续订无固定期限劳动合同事宜。”2017 年 6 月 26 日，李某申请劳动仲裁，要求该物业公司支付违法终止劳动合同赔偿金、2016 年 6 月 27 日至 30 日未签订劳动合同二倍工资差额。仲裁机构支持了李某的部分请求。2017 年 8 月 29 日，物业公司向法院提起诉讼，认为双方均同意签订劳动合同的情况下，除非劳动者有证据证明劳动合同签订时存在欺诈、胁迫或乘人之危的情况，否则应视为双方自始签订了劳动合同，且与上一份劳动合同日期没有衔接也是李某造成的，故无须再支付未签订劳动合同的二倍工资。此外，李某在职期间存在经常性迟到早退、缺勤的情况，违反公司规章制度，影响工作质量。

法院经审理认为，劳动合同期满后，劳动者仍在用人单位工作，用人单位未与劳动者订立书面劳动合同的，用人单位应当自劳动合同期满的次日起至满一年的前一日向劳动者每月支付两倍的工资。物业公司与李某虽然补签了劳动合同，但未补签到第一次劳动合同到期之次日，自 2016 年 6 月 1 日至 30 日双方确实未签订劳动合同，故物业公司应支付上述期间在仲裁时效范围内的未签劳动合同二倍工资差额。根据“劳动合同法”规定，李某与物业公司连续订立二次固定期限劳动合同，现李某提出订立无固定期限劳动合同，物业公司应当与其订立无固定期限劳动合同。物业公司主张不续签劳动合同的理由系因李某违反公司制度，而非书面通知中所述“公司岗位需求变化”，且书面通知中的理由系应李某要求所写。法院认为，物业公司并未举证证明书面通知不续签理由系应李某要求所写；即便如物业公司所主张，但李某随后在劳动合同到期前向物业公司提交了要求签订无固定期限劳动合同的书面申请，物业公司违反“劳动合同法”规定终止劳动合同，应当依法向李某支付违法终止劳动合同赔偿金。

《北京市高级人民法院、北京市劳动争议仲裁委员会关于劳动争议案件法律适用问题研讨会会议纪要（二)》规定，根据“劳动合同法”第十四条第二款第三项的规定，劳动者有权选择订立固定期限劳动合同或者终止劳动合同，用人单位无权选择订立固定期限劳动合同或者终止劳动合同。据此，“劳动者提出或者同意续订、订立无固定期限劳动合同，用人单位应当与劳动者订立无固定期限劳动合同”。其实，上述案件带来的启示是：无固定期限劳动合同并非“洪水猛兽”，用人单位大可不必刻意回避签订此类合同。

根据“劳动合同法”第十四条第三款的规定，如果劳动者有该法第三十九条，第四十条第一项、第二项规定的情形的，即使已经连续订立二次固定期限的劳动合同，也可以不签订无固定期限劳动合同。所以，在上述案件中，如果物业公司能够证明李某不能胜任工作，经过培训后，仍不能胜任工作的情况，就可以不与李某订立无固定期限劳动合同。当然，用人单位也不能为了规避签订无固定期限劳动合同，就随意无依据、无标准地拒绝与员工签订无固定期限劳动合同，否则，就可能会因违法终止劳动合同而向劳动者支付赔偿金。

相关法条链接

中华人民共和国劳动合同法（节选）

第十四条 无固定期限劳动合同，是指用人单位与劳动者约定无确定终止时间的劳动合同。

用人单位与劳动者协商一致，可以订立无固定期限劳动合同。有下列情形之一，劳动者提出或者同意续订、订立劳动合同的，除劳动者提出订立固定期限劳动合同外，应当订立无固定期限劳动合同：

（一）劳动者在该用人单位连续工作满十年的；

（二）用人单位初次实行劳动合同制度或者国有企业改制重新订立劳动合同时，劳动者在该用人单位连续工作满十年且距法定退休年龄不足十年的；

（三）连续订立二次固定期限劳动合同，且劳动者没有本法第三十九条和第四十条第一项、第二项规定的情形，续订劳动合同的。

用人单位自用工之日起满一年不与劳动者订立书面劳动合同的，视为用人单位与劳动者已订立无固定期限劳动合同。

北京市高级人民法院、北京市劳动争议仲裁委员会关于劳动争议案件法律适用问题研讨会会议纪要（二）（节选）

第三十四条 用人单位与劳动者连续订立二次固定期限劳动合同的，第二次固定期限劳动合同到期时，用人单位能否终止劳动合同？

根据《劳动合同法》第十四条第二款第三项规定，劳动者有权选择订立固定期限劳动合同或者终止劳动合同，用人单位无权选择订立固定期限劳动合同或者终止劳动合同。上述情形下，劳动者提出或者同意续订、订立无固定期限劳动合同，用人单位应当与劳动者订立无固定期限劳动合同。

第三十五条 用人单位与劳动者连续订立二次固定期限劳动合同后，劳动者与用人单位再次订立固定期限劳动合同的，最后一次固定期限劳动合同到期时，用人单位是否可以终止劳动合同？

在用人单位与劳动者连续订立二次固定期限劳动合同后，劳动者与用人单位再次订立固定期限劳动合同的，适用《劳动合同法》第十四条规定。在最后一次固定期限劳动合同到期时，应认定符合连续订立二次固定期限劳动合同的条件，排除法定情形外，劳动者提出或者同意续订、订立无固定期限劳动合同，用人单位应当与劳动者订立无固定期限劳动合同。

疫情导致企业无法复工而放假，劳动者能否主张发全额工资？

2020 年年初，新冠肺炎疫情突然而至，在疫情的巨大冲击下，各行各业的发展都受到较大影响和冲击，一些企业无法营业，不得不为员工放假，甚至个别企业采取一些方式与员工解除劳动合同。那么此时，作为劳动者能否主张企业全额发放疫情期间的工资？

1995 年 6 月，刘某应聘到某公司工作。2013 年 10 月 11 日，刘某因未获发当年 8 月的工资而向公司提出离职申请，离职前刘某月平均工资为 1600 元。因离职一事，双方产生纠纷，仲裁后又起诉到法院。刘某的诉讼请求：一是支付休息日加班工资、法定节假日加班工资；二是支付解除劳动合同的经济补偿金；三是支付“非典”疫情期间全额工资①。

① 海南省三亚市中级人民法院（2014）三亚民二终字第 122 号裁判文书

法庭上，公司认可刘某工作到2013年10月11日，但刘某系自动离职，因此公司无须支付经济补偿金，也不存在未支付加班期间工资的事实。2002年11月至2003年7月，公司因“非典”疫情原因导致无法营业而要求员工放假，在劳动者未提供正常劳动的情况下，已经按照规定发放了生活费，公司已尽到工资发放责任。

首先，刘某是否可以主张加班费？根据《最高人民法院关于审理劳动争议案件适用法律若干问题的解释（三）》第九条的规定：“劳动者主张加班费的，应当就加班事实的存在承担举证责任。但劳动者有证据证明用人单位掌握加班事实存在的证据，用人单位不提供的，由用人单位承担不利后果。”

本案中公司提交了加班费发放的相关凭证以证明其已向刘某发放加班费，相关加班费发放凭证仅载明了发放金额，而未载明相应的加班时长。而刘某作为劳动者，主张加班费应当就加班事实的存在承担举证责任。由于刘某并未就其加班时长进行举证，没有证据证明公司少发加班费，因此其主张难以得到法院支持。

其次，刘某可否主张经济补偿金？根据“劳动合同法”第三十八条第一款第二项规定，公司未及时足额支付劳动报酬的，劳动者有权解除劳动合同，同时结合该法第四十六条的规定，劳动者在此情形下提出解除劳动合同，用人单位应当支付经济补偿金。“劳动合同法”第四十七条对经济补偿金的计算标准进行规定，即经济补偿按劳动者在本单位工作的年限，每满一年支付一个月工资的标准向劳动者支付。六个月以上不满一年的，按一年计算；不满六个月的，向劳动者支付半个月工资的经济补偿。所以本案中，刘某主张经济补偿金符合法律规定。

最后，刘某主张“非典”疫情期间支付全额工资能否得到支持？2002 年 11 月至 2003 年 7 月，公司因受“非典”疫情影响而停业，刘某并未提供正常劳动，且未提交证据证实其主张，而公司已经按照相关规定支付了刘某生活费，所以刘某要求公司支付疫情期间的全额工资并无法律依据，未获法院支持。

自新冠肺炎疫情暴发以来，2020 年原定的春节假期延长至 2 月 2 日，各地区又根据当地疫情具体情况延长复工日期。受疫情影响，很多企业无法如期复工，只能放假歇业，劳动者只能在家待岗，那么待岗期间的工资如何发放呢？

根据 2020 年 2 月 7 日人力资源和社会保障部等印发的《关于做好新型冠状病毒感染肺炎疫情防控期间稳定劳动关系支持企业复工复产的意见》，在受疫情影响的延迟复工或未返岗期间，对用完各类休假仍不能提供正常劳动或其他不能提供正常劳动的职工，指导企业参照国家关于停工、停产期间工资支付相关规定与职工协商，在一个工资支付周期内按照劳动合同规定的标准支付工资；超过一个工资支付周期的按有关规定发放生活费。北京地区的生活费标准为不低于本市最低工资标准的70%。

可见，因疫情导致企业无法复工而放假的，劳动者不能主张发放全额工资。

此外，如果有企业以新冠肺炎疫情为由与劳动者解除劳动合同，劳动者可搜集相关证据拿起法律武器维护自己的权益。因为2020年1月24日《人力资源社会保障部办公厅关于妥善处理新型冠状病毒感染的肺炎疫情防控期间劳动关系问题的通知》明确规定，对新型冠状病毒感染的肺炎患者、疑似病人、密切接触者在其隔离治疗期间或医学观察期间以及因政府实施隔离措施或采取其他紧急措施导致不能提供正常劳动的职工，企业不得依据“劳动合同法”第四十条、第四十一条与职工解除劳动合同。

相关法条链接

最高人民法院关于审理劳动争议案件适用法律若干问题的解释（三）（节选）

第九条 劳动者主张加班费的，应当就加班事实的存在承担举证责任。但劳动者有证据证明用人单位掌握加班事实存在的证据，用人单位不提供的，由用人单位承担不利后果。

最高人民法院关于审理劳动争议案件适用法律问题的解释（一）（节选）

第四十二条 劳动者主张加班费的，应当就加班事实的存在承担举证责任。但劳动者有证据证明用人单位掌握加班事实存在的证据，用人单位不提供的，由用人单位承担不利后果。

中华人民共和国劳动合同法（节选）

第三十八条 用人单位有下列情形之一的，劳动者可以解除劳动合同：

（一）未按照劳动合同约定提供劳动保护或者劳动条件的；

（二）未及时足额支付劳动报酬的；

（三）未依法为劳动者缴纳社会保险费的；

（四）用人单位的规章制度违反法律、法规的规定，损害劳动者权益的；

（五）因本法第二十六条第一款规定的情形致使劳动合同无效的；

（六）法律、行政法规规定劳动者可以解除劳动合同的其他情形。

用人单位以暴力、威胁或者非法限制人身自由的手段强迫劳动者劳动的，或者用人单位违章指挥、强令冒险作业危及劳动者人身安全的，劳动者可以立即解除劳动合同，不需事先告知用人单位。

第四十条 有下列情形之一的，用人单位提前三十日以书面形式通知劳动者本人或者额外支付劳动者一个月工资后，可以解除劳动合同：

（一）劳动者患病或者非因工负伤，在规定的医疗期满后不能从事原工作，也不能从事由用人单位另行安排的工作的；

（二）劳动者不能胜任工作，经过培训或者调整工作岗位，仍不能胜任工作的；

（三）劳动合同订立时所依据的客观情况发生重大变化，致使劳动合同无法履行，经用人单位与劳动者协商，未能就变更劳动合同内容达成协议的。

第四十一条 有下列情形之一，需要裁减人员二十人以上或者裁减不足二十人但占企业职工总数百分之十以上的，用人单位提前三十日向工会或者全体职工说明情况，听取工会或者职工的意见后，裁减人员方案经向劳动行政部门报告，可以裁减人员：

（一）依照企业破产法规定进行重整的；

（二）生产经营发生严重困难的；

（三）企业转产、重大技术革新或者经营方式调整，经变更劳动合同后，仍需裁减人员的；

（四）其他因劳动合同订立时所依据的客观经济情况发生重大变化，致使劳动合同无法履行的。

裁减人员时，应当优先留用下列人员：

（一）与本单位订立较长期限的固定期限劳动合同的；

（二）与本单位订立无固定期限劳动合同的；

（三）家庭无其他就业人员，有需要扶养的老人或者未成年人的。

用人单位依照本条第一款规定裁减人员，在六个月内重新招用人员的，应当通知被裁减的人员，并在同等条件下优先招用被裁减的人员。

第四十七条 经济补偿按劳动者在本单位工作的年限，每满一年支付一个月工资的标准向劳动者支付。六个月以上不满一年的，按一年计算；不满六个月的，向劳动者支付半个月工资的经济补偿。

劳动者月工资高于用人单位所在直辖市、设区的市级人民政府公布的本地区上年度职工月平均工资三倍的，向其支付经济补偿的标准按职工月平均工资三倍的数额支付，向其支付经济补偿的年限最高不超过十二年。

本条所称月工资是指劳动者在劳动合同解除或者终止前十二个月的平均工资。

疫情期间未与劳动者续签合同，劳动者可否主张双倍工资?

2020 年年初新冠肺炎疫情暴发，全国上下均投入疫情防控的工作中，许多写字楼或工业园区为避免人员聚集，均关闭大门或限制企业复工人数，因此很多企业处于停产或半停产状态。全国各地政府为了打赢此次新冠肺炎疫情防控阻击战，纷纷出台了相关政策，如限制人员外出、暂停公共交通工具运行等。因此，许多劳动者只能停留在家里，无法及时返回工作岗位。在这种情况下，劳动者的劳动合同到期，企业无法与劳动者及时续签劳动合同，劳动者是否可以主张双倍工资呢？下面，我们来看这个案例①。

张某与北京某物业公司的劳动合同于 2020 年 1 月 30 日期

① 广东省人力资源和社会保障局关于发布第一批疫情防控期间劳动争议典型案例的通知

满，张某工作至 1 月 24 日回老家过年，物业公司原计划 2 月 3 日正式开工。因疫情防控需要，物业公司所在的办公楼在 2 月、3 月封闭，且张某老家当地政府规定，暂停当地公共交通运营，张某无法及时回京返岗上班，因此，2 月 3 日后张某不得不在老家远程办公。2020 年 4 月初，疫情有所缓解，人员流动逐渐解封，张某也从老家返岗上班。但上班后张某做的第一件事就是申请劳动仲裁，要求物业公司支付未签订书面劳动合同的二倍工资。物业公司辩称，与张某的劳动合同期满未及时续签，主要是受疫情防控期间延迟复工的影响，不存在不签订劳动合同的主观故意。

劳动仲裁委经审理认为，用人单位并非故意不与张某续签劳动合同，而是因为疫情防控需要，办公楼暂时封闭及延迟复工等不可抗力的影响，其责任依照相关法律规定可以考虑予以免除，因此物业公司无须向张某支付未签订书面劳动合同的二倍工资。

在上述案例中，物业公司因办公楼封闭及张某无法及时返岗这一客观原因，在 2020 年 1 月 30 日劳动合同期满后，未及时与张某续签劳动合同。"劳动合同法"第十条规定："建立劳动关系，应当订立书面劳动合同。已建立劳动关系，未同时订立书面劳动合同的，应当自用工之日起一个月内订立书面劳动合同。用人单位与劳动者在用工前订立劳动合同的，劳动关系自用工之日起建立"。第八十二条规定："用人单位自用工之日起超过一个月不满一年未与劳动者订立书面劳动合同的，应当向劳动者每月支付二倍的工资。用人单位违反本法规定不与劳动者订立无固定期限劳动合同的，自应当订立无固定期限劳动合同之日起向劳动者每月支付二倍的工资。”《北京市高级人民法院、北京市劳动争议仲裁委员会关于劳动争议案件法律适用问题研讨会会议纪要（二）》规定，“如果劳动合同期满后，劳动者仍在用人单位工作，用人单位未与劳动者订立书面劳动合同的，计算二倍工资的起算点为自劳动合同期满的次日，截止点为双方补订书面劳动合同的前一日，最长不超过十二个月”。据此，用人单位具有依法、及时与劳动者签订劳动合同的法定义务，用人单位如未能依法、及时履行该法定义务，则可能面临支付劳动者二倍工资的法律风险。本案中张某也正是基于此法律规定，要求物业公司支付双倍工资。

但本案发生在疫情期间，物业公司未与张某及时续签书面劳动合同，是基于疫情防控、办公楼封闭和张某不能及时返岗等客观原因。全国人大常委会法工委就疫情有关法律问题答记者问时明确表示，因突发新冠肺炎疫情这一公共卫生事件导致不能如期续订或者履行合同的，属于不能预见、不能避免并不能克服的不可抗力。《中华人民共和国合同法》（以下简称“合同法”）第一百一十七条规定，“因不可抗力不能履行合同的，根据不可抗力的影响，部分或者全部免除责任，但法律另有规定的除外”。因此，物业公司未与张某及时续签书面劳动合同的原因，属于不可抗力情形，可以免除物业公司未及时签订书面劳动合同支付二倍工资的责任。

正是基于这一因素，2020 年 4 月 29 日，北京市高级人民法院与北京市劳动人事争议仲裁委员会联合发布的《关于审理新型冠状病毒感染肺炎疫情防控期间劳动争议案件法律适用问题的解答》中进一步明确“用人单位能够举证证明已提出订立或续订书面劳动合同，但因受疫情影响客观上无法与劳动者订立或续订劳动合同，劳动者要求支付该期间未订立或续订书面劳动合同二倍工资差额的，不予支持”。

最后，提醒广大用人单位，受疫情影响，如果无法及时与劳动者续签书面劳动合同，可以及时通过邮件或电话等方式提出与劳动者续订劳动合同的意思表示，并留存相关证据。同时也可以考虑采用电子劳动合同形式与劳动者订立书面劳动合同，因为国家人力资源和社会保障部办公厅给北京市人力资源和社会保障局的《关于订立电子劳动合同有关问题的函》中指出，用人单位与劳动者协商一致，可以采用电子劳动合同形式订立书面劳动合同。这样，就可以避免因未及时续签劳动合同，面临向劳动者支付双倍工资的法律风险。而作为劳动者，亦应体谅因受疫情影响，用人单位未及时续签书面劳动合同的客观原因，并积极提醒用人单位要及时与自己续签书面劳动合同，保障自己的合法权益。

相关法条链接

中华人民共和国劳动合同法（节选）

第十条 建立劳动关系，应当订立书面劳动合同。

已建立劳动关系，未同时订立书面劳动合同的，应当自用工之日起一个月内订立书面劳动合同。

用人单位与劳动者在用工前订立劳动合同的，劳动关系自用工之日起建立。

第八十二条 用人单位自用工之日起超过一个月不满一年未与劳动者订立书面劳动合同的，应当向劳动者每月支付二倍的工资。

用人单位违反本法规定不与劳动者订立无固定期限劳动合同的，自应当订立无固定期限劳动合同之日起向劳动者每月支付二倍的工资。

北京市高级人民法院、北京市劳动争议仲裁委员会关于劳动争议案件法律适用问题研讨会会议纪要（二）（节选）

第二十七条 劳动合同期满后未订立劳动合同，劳动者仍在原用人单位继续工作，如何处理？

劳动合同期满后未订立劳动合同，劳动者仍在原用人单位继续工作，应适用《劳动合同法》第十条、第十四条第三款、第八十二条，《中华人民共和国劳动合同法实施条例》第六条、第七条的规定进行处理。在此情况下，因为用人单位对原劳动合同期满和继续用工的法律后果均有预期，因此不需要再给予一个月的宽限期，原劳动合同期满次日，即是用人单位应当订立劳动合同之日和承担未订立劳动合同的法律后果之日。

中华人民共和国合同法（节选）

第一百一十七条 因不可抗力不能履行合同的，根据不可抗力的影响，部分或者全部免除责任，但法律另有规定的除外。当事人迟延履行后发生不可抗力的，不能免除责任。

本法所称不可抗力，是指不能预见、不能避免并不能克服的客观情况。

北京市高级人民法院 北京市劳动人事争议仲裁委员会关于审理新型冠状病毒感染肺炎疫情防控期间劳动争议案件法律适用问题的解答（节选）

第三条 用人单位受疫情影响无法与劳动者订立或续订

书面劳动合同，劳动者要求用人单位支付未订立或续订书面劳动合同二倍工资差额，是否支持?

答：用人单位能够举证证明已提出订立或续订书面劳动合同，但因受疫情影响客观上无法与劳动者订立或续订劳动合同，劳动者要求支付该期间未订立或续订书面劳动合同二倍工资差额的，不予支持。

疫情期间居家办公时，企业应否支付全额工资？

2020 年年初，受新冠肺炎疫情的影响，很多员工难以正常返工上班，于是单位采取折中的办法，实行远程居家办公。这种办公模式因为工作时间、地点、方式等较为灵活，在疫情防控期间可以很好地避免人员大范围流动，保障员工人身安全。然而与平常在单位办公不同，对企业而言，居家办公不仅增加了员工之间的沟通成本，使得企业难以对员工进行有效的统一集中管理，更重要的是居家办公期间，企业对员工的考勤考核等人事管理制度都处于短暂的“失灵”状态。在此情况下，如何计算员工居家办公期间的工资，就成了困扰企业薪酬发放的问题之一。而作为企业员工，如果在居家办公期间被单位减发或扣发工资，又该如何维权呢？下面，我们来看这个案例[①]。

2017年7月6日，彭某入职某科技公司。同日，某科技公司作为甲方，彭某作为乙方，双方签订了为期3年的劳动合同，约定试用期3个月，薪酬为每月12000元，试用期工资9600元。劳动合同第十条约定，甲方生产工作任务不足导致乙方待业状态的，甲方支付乙方生活费用3000元。2017年12月，某科技公司因不再续租办公场地，安排彭某在家办公，通过电话、微信、钉钉等方式汇报工作。后该科技公司支付了彭某2017年12月工资3000元。彭某认为，2017年12月其虽然没有在公司上班，但居家办公期间仍在为公司工作，且提供了相关工作日志予以证明。某科技公司认可彭某居家办公，但是称彭某只提供了2017年12月5日、6日、19日、20日的钉钉工作日志，其他时间均未提供，属于旷工。彭某不服，诉至法院，要求某科技公司全额支付其2017年12月的工资。

法院经审理认为，2017年12月，彭某根据公司安排在家办公，且提供了居家办公期间的钉钉工作日志，证明其在为单位提供劳动，虽然记录不全，但是在家办公灵活性较强，公司也并未明确相关考勤方式，因此对其主张予以支持，判决某科技公司按12000元标准足额支付彭某2017年12月工资。

① 北京市丰台区人民法院涉疫情的劳动争议纠纷相关法律问题预判及对策新闻通报会

在上述案例中，某科技公司因不再续租办公场地这一客观原因，安排员工彭某居家办公，并要求其居家办公期间通过电话、微信、钉钉等方式汇报工作。由于该公司并没有明确彭某的考勤方式，也没有明确彭某工作内容的具体考核方式，而彭某又有相关工作日志证明其确实为公司提供了劳动，根据《中华人民共和国劳动法》（以下简称“劳动法”）第五十条“工资应当以货币形式按月支付给劳动者本人。不得克扣或者无故拖欠劳动者的工资”及“劳动合同法”第三十条“用人单位应当按照劳动合同约定和国家规定，向劳动者及时足额支付劳动报酬”的规定，最终法院认定：某科技公司应该按照劳动合同约定的工资标准向彭某支付 2017 年 12 月全额工资。

受疫情影响，劳动者居家办公，企业应如何支付工资呢？其实上述案例就是很好的参考。疫情期间针对居家办公，北京市人民政府和北京市人力资源和社会保障局均出台了相关规范性文件。《北京市人民政府关于在新型冠状病毒感染的肺炎疫情防控期间本市企业灵活安排工作的通知》规定，“在 2020 年 2 月 9 日 24 时前，其他企业具备条件的，应当安排职工通过电话、网络等灵活方式在家上班完成相应工作；不具备条件安排职工在家上班的企业，安排职工工作应当采取错时、弹性等灵活计算工作时间的方式，不得造成人员汇聚、集中。”《北京市人力资源和社会保障局关于进一步做好疫情防控期间本市人力资源和社会保障相关工作的通知》规定，“对企业要求职工通过网络、电话等灵活方式在家上班的，按照正常工作期间的工资收入支付工资”。

也就是说，通常情况下，劳动者因疫情影响居家办公的，单位应当按照正常工资标准支付劳动者工资，不能因为劳动者未实际到单位提供劳动，而减发或扣发工资。但是，如果企业有完善的人事劳动制度，对居家办公期间的工作量考核和工资发放标准有明确规定的，则应按照企业的工作考核标准和工资发放制度执行。

目前，疫情防控工作并未放松，而企业复工复产的号角早已吹响，为确保企业有序生产，合规经营，建议安排劳动者居家办公的企业，根据生产经营实际情况，完善人事劳动规章制度，制订员工居家办公期间的考勤方式和工作量考核标准，以便考核员工居家办公期间的工作情况，进而据此发放劳动报酬。而作为劳动者，如果单位安排居家办公，建议在居家办公期间遵守单位相关劳动制度和工作规定，在完成工作任务的情况下尽量保留工作进度相关证据，以便产生争议时维护自己的合法权益。

相关法条链接

中华人民共和国劳动法（节选）

第五十条 工资应当以货币形式按月支付给劳动者本人。

不得克扣或者无故拖欠劳动者的工资。

中华人民共和国劳动合同法（节选）

第三十条 用人单位应当按照劳动合同约定和国家规定，向劳动者及时足额支付劳动报酬。

用人单位拖欠或者未足额支付劳动报酬的，劳动者可以依法向当地人民法院申请支付令，人民法院应当依法发出支付令。

北京市人力资源和社会保障局关于进一步做好疫情防控期间本市人力资源和社会保障相关工作的通知（节选）

一、全力维护劳动关系稳定

（一）依法履行劳动合同，保障工资支付

1. 对新型冠状病毒感染的肺炎患者、疑似病人、密切接触者在其隔离治疗期间或医学观察期间以及因政府实施隔离措施或者采取其他紧急措施导致不能提供正常劳动的职工，企业应当视同提供正常劳动并支付其工资，不得解除劳动关系。在此期间，劳动合同到期的，分别顺延至职工医疗期期满、医学观察期期满、隔离期期满或者政府采取的紧急措施结束。

2. 对于企业要求职工通过网络、电话等灵活方式在家上班的，按照正常工作期间的工资收入支付工资。

（二）合理安排职工休息休假

根据《国务院办公厅关于延长2020年春节假期的通知》，2020年1月31日至2月2日因疫情防控不能休假和提前结束休假复工的职工，企业应当安排其同等时间的补休，不能安排补休的，按照不低于工资基数的200%支付加班工资。

疫情期间员工受伤，可否认定为工伤？

新冠肺炎疫情防控形势持续好转，各地正在加快恢复生产生活秩序，“一手抓防控，一手抓复工复产”，陆续复工的企业，应坚持每天按时对员工测体温，核查员工出入证、上岗证等，为最终战胜疫情不懈努力。那么，如果企业员工在疫情期间受伤，是否算工伤呢？

看完这个案例①，也许我们就有答案了。

2003 年 5 月 7 日“非典”疫情期间，某采矿企业职工时某与工友一同参加了当晚的班前会，有关领导讲了矿井安全生产问题，最后又进行了生产分工。会后，时某和工友准备前往井下采矿，行至矿区大门口时，与在此执勤的企业保卫科职工陈某因疫情检查上岗证发生纠纷，被陈某打伤。经医院诊断为颅脑损伤，全身多处软组织损伤。

---

① 河南省高级人民法院（2012）豫法行提字第 22 号裁判文书

2004年4月26日该企业依据时某申请，向劳动和社会保障部门提出工伤认定申请。劳动和社会保障部门作出工伤认定决定书，确认时某在疫情时期，接受企业执勤人员检查上岗证时发生纠纷的行为属于民事纠纷，不属于履行工作职责受到的伤害，确定为非工伤。时某不服，向人民法院提起诉讼。最终，法院认为，根据《工伤保险条例》第十四条第三项的规定，“在工作时间和工作场所内，因履行工作职责受到暴力等意外伤害的”应当认定为工伤。时某于事发当晚参加了班前会接受点名及生产分工，班前会是下井采矿的必经程序，此时时某已经进入工作时间、工作地点。时某参加班前会后前往井下采矿，在经过矿区大门时因疫情检查上岗证与执勤人员陈某发生纠纷，时某被打伤。工作场所包括职工往来于多个工作场所之间的必经区域，矿区大门是从班前会地点到井下的必经区域，应认定为工作场所。疫情时期，企业安排保卫科职工在矿区大门设岗进行检查，下井采矿的职工必须经过该检查，时某在此接受检查是其履行工作职责的必要组成部分，也是本单位的工作程序安排，其因此而受到伤害，系因履行工作职责而受到暴力伤害，应当认定为工伤。

根据《工伤保险条例》第十四条、第十五条的规定，在我国工伤认定体系严格区分“伤”与“病”的界限，此次新冠肺炎显然属于“病”的范畴。但是，在疫情期间，企业员工因履行工作职责而受到暴力伤害的，也可参照上述案例认定为工伤。

至于企业员工在工作期间感染新冠肺炎能否认定为工伤，2020年1月23日，人力资源社会保障部、财政部、国家卫生健康委《关于因履行工作职责感染新型冠状病毒肺炎的医护及相关工作人员有关保障问题的通知》中明确："在新型冠状病毒肺炎预防和救治工作中，医护及相关工作人员因履行工作职责，感染新型冠状病毒肺炎或因感染新型冠状病毒肺炎死亡的，应认定为工伤，依法享受工伤保险待遇。"

疫情期间工伤的认定，虽然有上面的案例和三部委联合发布的文件作为指导，但是由于产生或导致员工受伤的事实情况不同，疫情期间工伤的认定也不能一概而论，具体还需人力资源和社会保障部门或者人民法院结合事实情况的调查和相关证据予以认定。在此，提醒读者朋友，疫情期间，不管是在工作场所还是居家生活，都应做好个人防护，主动配合执勤人员检查，共同打好疫情防控阻击战。

相关法条链接

工伤保险条例（节选）

第十四条 职工有下列情形之一的，应当认定为工伤：

（一）在工作时间和工作场所内，因工作原因受到事故伤害的；

（二）工作时间前后在工作场所内，从事与工作有关的预备性或者收尾性工作受到事故伤害的；

（三）在工作时间和工作场所内，因履行工作职责受到暴力等意外伤害的；

（四）患职业病的；

（五）因工外出期间，由于工作原因受到伤害或者发生事故下落不明的；

（六）在上下班途中，受到非本人主要责任的交通事故或者城市轨道交通、客运轮渡、火车事故伤害的；

（七）法律、行政法规规定应当认定为工伤的其他情形。

第十五条 职工有下列情形之一的，视同工伤：

（一）在工作时间和工作岗位，突发疾病死亡或者在48小时之内经抢救无效死亡的；

（二）在抢险救灾等维护国家利益、公共利益活动中受到伤害的；

（三）职工原在军队服役，因战、因公负伤致残，已取得革命伤残军人证，到用人单位后旧伤复发的。

职工有前款第（一）项、第（二）项情形的，按照本条例的有关规定享受工伤保险待遇；职工有前款第（三）项情形的，按照本条例的有关规定享受除一次性伤残补助金以外的工伤保险待遇。

疫情防控篇

解惑老百姓身边的法律问题

散播疫情谣言，该当何“罪”？

疫情防控期间，关于新型冠状病毒感染肺炎疫情的任何一条信息，都牵动着大家的心。但一些网民，在未经核实的情况下，为了吸引眼球，在网络上发布、转发不实信息，甚至制造、传播谣言，造成不良社会影响。一些网友法律意识淡薄，认为制造、传播谣言最多就是行政处罚了事，殊不知，造成严重后果的，还会被追究刑事责任。

2020 年 1 月 27 日，网民丁某在微信群发信息称，广西河池市市长于当天上午在指挥部指导工作时发出“封村断路、只出不进”的紧急指令。随后，该“指令”在全市多个县区的微信中传播，引起市民的紧张和恐慌。后经相关部门与河池市政府核实，河池市政府未发布该公告通知。经查，网友丁某在微信群看到“市长指令”的内容后，在未求证的情况下将其转发到其他微信群，目的是提醒大家不要外出走动、减少感染病毒的概率，并无故意传播谣言的意图。经民警教育，丁某认识到自己的错误，主动在微信群发布澄清谣言声明，并写下保证书①。

下面这名谣言散播者，受到的处罚就比丁某严重多了。

2020 年 1 月 29 日，吉林桦甸市一居民许某听说“桦甸市确诊的一男性新型冠状病毒肺炎患者从发病到死亡只有一周时间，其母亲也被感染，在医院隔离，还有 20 多人被感染没有隔离”等不实消息后，在没有进行必要核实的情况下，利用手机微信散布此疫情谣言，致使该消息被大量转发、传播。经公安机关调查、取证、核实，许某对疫情期间散布谣言的行为供认不讳，后被公安机关行政拘留 10 日②。

散播疫情谣言，不仅仅是给予行政处罚，情节严重的，还可能被追究刑事责任。

2020 年 1 月 26 日下午，南京警方发现，网上流传一则“南京自 1 月 27 日 0 时起交通停运、全面封城”的信息，落款为“南京日报记者赵某”。后经证实，这是一则谣言。经查，1 月 26 日下午 3 点，孙某出于吸引眼球的目的，编造了上述谣言，并发布在多个网络群组中，随后被快速转发扩散，造成恶劣社会影响。1 月 26 日当晚，孙某因涉嫌寻衅滋事犯罪被公安机关依法刑事拘留③。

---

① 南宁新闻网
② 吉林省高级人民法院司法公开网
③ 新华网

根据《突发公共卫生事件应急条例》第五十二条的规定，“在突发事件发生期间，散布谣言、哄抬物价、欺骗消费者，扰乱社会秩序、市场秩序的，由公安机关或者工商行政管理部门依法给予行政处罚；构成犯罪的，依法追究刑事责任”。《中华人民共和国治安管理处罚法》第二十五条第一款规定，“散布谣言，谎报险情、疫情、警情或者以其他方法故意扰乱公共秩序的，处五日以上十日以下拘留，可以并处五百元以下罚款；情节较轻的，处五日以下拘留或者五百元以下罚款。”《中华人民共和国刑法》第二百九十一条之一第二款规定，“编造虚假的险情、疫情、灾情、警情，在信息网络或者其他媒体上传播，或者明知是上述虚假信息，故意在信息网络或者其他媒体上传播，严重扰乱社会秩序的，处三年以下有期徒刑、拘役或者管制；造成严重后果的，处三年以上七年以下有期徒刑”。《最高人民法院、最高人民检察院关于办理利用信息网络实施诽谤等刑事案件适用法律若干问题的解释》第五条规定，“利用信息网络辱骂、恐吓他人，情节恶劣，破坏社会秩序的，依照刑法第二百九十三条第一款第（二）项的规定，以寻衅滋事罪定罪处罚”。

由此可见，制造、散播与疫情相关的谣言，不仅会受到行政处罚，情节严重的，还会被依法追究刑事责任。网络不是法外之地，互联网信息传播要有法有规可循，尤其是全国上下齐心协力抗击疫情的特殊时期，制造、散播有关疫情防控的谣言，不仅会混淆视听，加剧公众恐慌，对疫情防控造成严重干扰，而且会影响社会稳定。在此提醒广大朋友，一定要牢固树立法治意识，增强辨别能力，不造谣，不传谣，不信谣，从政府，疾控、医疗机构，权威新闻媒体了解疫情信息。

相关法条链接

突发公共卫生事件应急条例（节选）

第五十二条 在突发事件发生期间，散布谣言、哄抬物价、欺骗消费者，扰乱社会秩序、市场秩序的，由公安机关或者工商行政管理部门依法给予行政处罚；构成犯罪的，依法追究刑事责任。

中华人民共和国治安管理处罚法（节选）

第二十五条 有下列行为之一的，处五日以上十日以下拘留，可以并处五百元以下罚款；情节较轻的，处五日以下拘留或者五百元以下罚款：

（一）散布谣言，谎报险情、疫情、警情或者以其他方法故意扰乱公共秩序的；

（二）投放虚假的爆炸性、毒害性、放射性、腐蚀性物质或者传染病病原体等危险物质扰乱公共秩序的；

（三）扬言实施放火、爆炸、投放危险物质扰乱公共秩序的。

中华人民共和国刑法（节选）

第二百九十一条之一第二款 编造虚假的险情、疫情、灾情、警情，在信息网络或者其他媒体上传播，或者明知是上述虚假信息，故意在信息网络或者其他媒体上传播，严重扰乱社会秩序的，处三年以下有期徒刑、拘役或者管制；造成严重后果的，处三年以上七年以下有期徒刑。

最高人民法院、最高人民检察院关于办理利用信息网络实施诽谤等刑事案件适用法律若干问题的解释（节选）

第五条 利用信息网络辱骂、恐吓他人，情节恶劣，破坏社会秩序的，依照刑法第二百九十三条第一款第（二）项的规定，以寻衅滋事罪定罪处罚。

销售假冒伪劣口罩，会被追究何种法律责任？

新冠肺炎疫情防控进入关键时期，口罩等防疫物品需求量激增，一些地方甚至已经脱销。在这种特殊时期，一些利欲熏心的不法分子，不顾他人安危，利用人们对口罩等防疫物品的迫切需求，销售假冒伪劣口罩谋取私利。

这些大发不义之财的行为不仅严重影响了社会稳定，妨碍了疫情防控工作的有序开展，而且已经违反了法律规定，对其不应仅仅行政处罚了事，还应该有更严厉的惩治措施。来看下面这个案例①。

2020 年 1 月 31 日，河南洛阳市市场监管部门接到消费者举报，称其在一家药店买到了疑似假冒伪劣的“飘安”牌口罩。经调查，该药店销售的上述口罩每包外包装袋上均标注有

① 河南日报客户端

“一次性使用口罩”和“飘安”的文字、拼音组合商标，标明的生产厂家为“河南飘安集团有限公司”。该药店购进和销售该批口罩没有出入库及购销台账记录，没有相关进销货凭证，也没有供货方联系方式。药店工作人员称，口罩是从一名上门推销的陌生男子处购进的，于 1 月 25 日已经售完，销售额共计 960 元。随后，洛阳市市场监管部门经与河南飘安集团有限公司证实，该药店销售的标注为“飘安”牌“一次性使用口罩”属于假冒伪劣口罩，且侵犯了他人注册商标专用权。根据《中华人民共和国商标法》第六十条第二款的规定，“工商行政管理部门处理时，认定侵权行为成立的，责令立即停止侵权行为，没收、销毁侵权商品和主要用于制造侵权商品、伪造注册商标标识的工具，违法经营额五万元以上的，可以处违法经营额五倍以下的罚款，没有违法经营额或者违法经营额不足五万元的，可以处二十五万元以下的罚款”。据此，市场监管部门责令该药店立即停止侵权行为，并拟对其处以 25 万元罚款。

在这起销售假冒伪劣口罩的案件中，市场监管部门对涉案药店拟实施顶格处罚，体现了疫情防控期间“从重、从快”处罚的原则。当然，要让假冒伪劣口罩“无处遁形”，不仅要对不法者给予最严厉的行政处罚，触犯刑法的，还要让其承担相应的刑事责任。

2020 年 1 月 22 日，广州的白某购买假冒 3M 注册商标的口罩 50250 个，销售额 305625 元。1 月 29 日，公安机关将其抓获，在白某经营的劳保店缴获假冒 3M 注册商标口罩 118 个。同年 2 月 13 日，广州市荔湾区人民法院公开审理并当庭宣判，白某销售明知假冒注册商标的商品，销售金额数额巨大，其行为触犯了《中华人民共和国刑法》第二百一十四条之规定，判决认定白某犯销售假冒注册商标的商品罪，判处有期徒刑 3 年，并处罚金 4 万元②。

同样是销售假冒伪劣口罩，在这起案件中，白某被判销售假冒注册商标的商品罪。而下面这起案件，不法者却涉嫌构成了销售不符合标准的医用器材罪。

2020 年 1 月以来，周某、卢某得知新冠肺炎疫情发生后市场急需口罩，便商议经销口罩牟取利益。经卢某推荐，周某在明知销售口罩的两名商家并非医疗器械经销商且无法确定口罩来源的情况下，先后购得 32000 余只、24000 余只口罩，同时周某与王某通过微信渠道对外发布销售医用口罩信息，招来余某作为销售下家。1 月 31 日，4 人在对购得的口罩进行分装、打包时发现该批口罩系“三无”产品，且口罩本身存在明显质量问题，但仍将该批口罩以医用口罩名义对外销售并从中牟利，后被公安机关抓获。2 月 14 日，浙江长兴县公安局以涉嫌销售不符合标准的医用器材罪将 4 人移送审查起诉。2 月 16 日，法院公开审理并当庭以销售不符合标准的医用器材罪，对 4 名被

② 广州市荔湾区人民法院（2020）粤 0103 刑初 184 号裁判文书

告人判处有期徒刑一年五个月到十个月不等的刑罚[③]。

疫情面前，口罩既是商品，也是救命物资。销售假冒伪劣口罩，根据违法情节和违法形式，轻则给予行政处罚，重则触犯刑法而身陷囹圄。

在此提醒读者，为确保购买到质量合格的正品口罩，线上购买建议选择品牌官方网站，线下购买建议前往正规药店或医疗器械经营企业。朋友圈、小店铺以及个人销售口罩渠道来源不清，风险较大，需谨慎购买。

相关法条链接

中华人民共和国商标法（节选）

第六十条 有本法第五十七条所列侵犯注册商标专用权行为之一，引起纠纷的，由当事人协商解决；不愿协商或者协商不成的，商标注册人或者利害关系人可以向人民法院起诉，也可以请求工商行政管理部门处理。

工商行政管理部门处理时，认定侵权行为成立的，责令立即停止侵权行为，没收、销毁侵权商品和主要用于制造侵权商品、伪造注册商标标识的工具，违法经营额五万元以上的，可

③ 长兴县人民法院（2020）浙0522刑初80号裁判文书

以处违法经营额五倍以下的罚款，没有违法经营额或者违法经营额不足五万元的，可以处二十五万元以下的罚款。对五年内实施两次以上商标侵权行为或者有其他严重情节的，应当从重处罚。销售不知道是侵犯注册商标专用权的商品，能证明该商品是自己合法取得并说明提供者的，由工商行政管理部门责令停止销售。

对侵犯商标专用权的赔偿数额的争议，当事人可以请求进行处理的工商行政管理部门调解，也可以依照《中华人民共和国民事诉讼法》向人民法院起诉。经工商行政管理部门调解，当事人未达成协议或者调解书生效后不履行的，当事人可以依照《中华人民共和国民事诉讼法》向人民法院起诉。

中华人民共和国刑法（节选）

第一百四十五条 生产不符合保障人体健康的国家标准、行业标准的医疗器械、医用卫生材料，或者销售明知是不符合保障人体健康的国家标准、行业标准的医疗器械、医用卫生材料，足以严重危害人体健康的，处三年以下有期徒刑或者拘役，并处销售金额百分之五十以上二倍以下罚金；对人体健康造成严重危害的，处三年以上十年以下有期徒刑，并处销售金额百分之五十以上二倍以下罚金；后果特别严重的，处十年以上有期徒刑或者无期徒刑，并处销售金额百分之五十以上二倍以下罚金或者没收财产。

第二百一十四条 销售明知是假冒注册商标的商品，违法所得数额较大或者有其他严重情节的，处三年以下有期徒刑，并处或者单处罚金；违法所得数额巨大或者有其他特别严重情节的，处三年以上十年以下有期徒刑，并处罚金。

拒不配合疫情检查登记，将承担什么责任？

2020 年 6 月 16 日晚，北京市突发公共卫生事件应急响应级别由三级下调至二级。二级应急响应下，除必须坚持的严格社区封闭式管理和健康监测、严格公共交通体温检测和公共场所测温验码、严格进出京管控等“九严格”等措施外，还将进一步加强 15 项防控措施，比如恢复社区封闭式管理，落实测温、查证、验码、登记等措施后方可进入。调整公共交通限流比例，控制满载率。落实消毒通风、体温检测、佩戴口罩、留观区设置、发热乘客移交和信息登记等防控工作。商务楼宇、商超、酒店宾馆、餐馆、工厂、工地、各类门店等公共场所和健身场所须做好体温检测、日常通风消毒和健康宝“绿码”查验。

可见，在二级应急响应下，市民不仅要做好个人防护，还有义务配合有关部门做好测温、验码、登记等有关疫情防控工作。如果拒不配合疫情检查登记，需要承担什么责任？看完下面这几起案例也许就有答案了。

2020 年 1 月 30 日，内蒙古巴彦淖尔市临河区男子郭某驾驶越野车从朗润园小区驶入朔方路时，疫情防控卡点工作人员要求郭某将车停下，进行个人信息登记和体温检测。但郭某拒不配合，驾车将一排交通警示锥桶撞倒，企图强行通过，当场被执勤民警拦截，随即将郭某控制。经查，郭某系朗润园小区居民，民警组织人员对其进行体检，其体温正常。随后，临河区公安局依据《中华人民共和国治安管理处罚法》第五十条第一款第二项规定依法对郭某处以行政拘留 10 日、罚款 500 元的处罚①。

2020 年 2 月 10 日上午，满洲里市一小区卡点处，小区居民钱某拒不配合疫情检查登记工作，并将疫情防控登记工作人员的手机打掉在地。核实案情后，当地公安机关依据《中华人民共和国治安管理处罚法》第五十条第一款第二项和当地新冠肺炎防控工作指挥部公告的相关规定，以阻碍国家工作人员依法执行职务为由依法对钱某处以行政拘留 5 日的处罚。

拒不配合疫情检查登记，不仅仅是行政处罚，严重的还会涉及刑事处罚。2020 年 2 月 12 日，浦北县李某驾驶摩托车途经官垌镇加油站公路边设置的防疫监测点时，因不佩戴口罩且

① 央视新闻客户端“央视新闻”栏目

不能出示身份证件，现场工作人员将其拦停检查，但李某拒不配合。在现场依法执行职务的官垌派出所辅警黄某遂暂扣了李某的摩托车钥匙，李某见状便对黄某进行辱骂、威胁、拉扯，用手打掉黄某的执法记录仪、扯掉黄某的警帽扔到地上，又从路边捡起一块砖头，威逼、恐吓黄某归还被扣的摩托车钥匙。后李某被赶到的公安民警当场抓获。李某的行为严重阻碍了黄某等人开展疫情防控工作，造成了恶劣影响。李某到案后对上述事实供认不讳②。

该案经浦北县法院审理认为，李某在疫情防控期间以暴力、威胁的方法阻碍、袭击依法执行疫情防控事务的人民警察，其行为已构成妨害公务罪。2020 年 2 月 19 日，法院依照《中华人民共和国刑法》第二百七十七条第一款、第五款，第六十七条第三款，第六十一条以及最高人民法院、最高人民检察院、公安部、司法部《关于依法惩治妨害新型冠状病毒感染肺炎疫情防控违法犯罪的意见》第一条第一项的规定，当庭宣判李某被判处拘役 5 个月。

疫情防控期间，为防止疫情扩散，各个居民小区、商务楼宇都设立了疫情检查登记点，对出入小区的居民、上班的工作人员进行检查登记。该措施符合《中华人民共和国传染病防治法》等相关法律规定，任何单位和个人都有配合的法定义

② 广西壮族自治区浦北县人民法院（2020）桂 0722 刑初 64 号判决文书

务，如因拒不配合等行为扰乱社会公共秩序的，将承担相应的法律责任，轻则承担警告、罚款、行政拘留等行政处罚，重则涉嫌犯罪，追究刑事责任。

相关法条链接

中华人民共和国刑法（节选）

第二百七十七条 以暴力、威胁方法阻碍国家机关工作人员依法执行职务的，处三年以下有期徒刑、拘役、管制或者罚金。

以暴力、威胁方法阻碍全国人民代表大会和地方各级人民代表大会代表依法执行代表职务的，依照前款的规定处罚。

在自然灾害和突发事件中，以暴力、威胁方法阻碍红十字会工作人员依法履行职责的，依照第一款的规定处罚。

故意阻碍国家安全机关、公安机关依法执行国家安全工作任务，未使用暴力、威胁方法，造成严重后果的，依照第一款的规定处罚。

暴力袭击正在依法执行职务的人民警察的，处三年以下有期徒刑、拘役或者管制；使用枪支、管制刀具，或者以驾驶机动车撞击等手段，严重危及其人身安全的，处三年以上七年以下有期徒刑。

中华人民共和国传染病防治法（节选）

第十二条 在中华人民共和国领域内的一切单位和个人，必须接受疾病预防控制机构、医疗机构有关传染病的调查、检验、采集样本、隔离治疗等预防、控制措施，如实提供有关情况。疾病预防控制机构、医疗机构不得泄露涉及个人隐私的有关信息、资料。

卫生行政部门以及其他有关部门、疾病预防控制机构和医疗机构因违法实施行政管理或者预防、控制措施，侵犯单位和个人合法权益的，有关单位和个人可以依法申请行政复议或者提起诉讼。

第三十一条 任何单位和个人发现传染病病人或者疑似传染病病人时，应当及时向附近的疾病预防控制机构或者医疗机构报告。

中华人民共和国突发事件应对法（节选）

第五十七条 突发事件发生地的公民应当服从人民政府、居民委员会、村民委员会或者所属单位的指挥和安排，配合人民政府采取的应急处置措施，积极参加应急救援工作，协助维护社会秩序。

非法捕食野生动物，会受到刑事处罚吗？

2020年新冠肺炎疫情发生后，公众的目光再次集中在病毒的源头——野生动物身上。2020年2月24日，第十三届全国人民代表大会常务委员会第十六次会议通过了《全国人民代表大会常务委员会关于全面禁止非法野生动物交易、革除滥食野生动物陋习、切实保障人民群众生命健康安全的决定》，明确规定，“凡《中华人民共和国野生动物保护法》和其他有关法律禁止猎捕、交易、运输、食用野生动物的，必须严格禁止。对违反前款规定的行为，在现行法律规定基础上加重处罚。”

可见，当前全面禁食野生动物已成为社会共识，在此情况下，我们应向滥捕滥食野生动物违法行为说“不”，对非法猎杀野生动物、破坏野生动物资源的违法行为给予严惩。

2017年上半年，陈某在聊天中得知肖某有穿山甲出售。同年12月1日，陈某联系肖某要求购买一只穿山甲，2人约定了交货地点。第二天，陈某以 780 元/斤的价格从肖某处购买了一只 8.4 斤的活体穿山甲，陈某通过微信向肖某转账 6552 元。2018 年 1 月 9 日，陈某再次联系肖某购买穿山甲。第二天，陈某以 850 元/斤的价格从肖某处收购了一只 7.4 斤的活体穿山甲，货款 6290 元始终未付。陈某将两只穿山甲拿回家加工后和家人一起食用。后被公安机关查获，被检察机关以非法收购珍贵、濒危野生动物罪提起公诉①。

法院经审理认为，被告人陈某非法收购国家二级重点保护野生动物穿山甲两只，其行为已构成非法收购珍贵、濒危野生动物罪。为打击犯罪，维护国家对野生动物资源的管理制度，判决被告人陈某犯非法收购珍贵、濒危野生动物罪，判处有期徒刑一年二个月，缓刑一年六个月，并处罚金人民币一万六千元。肖某被另案处理，以犯非法收购、出售珍贵、濒危野生动物制品罪，被判处有期徒刑九年，并处罚金人民币十六万元。

我国“刑法”第三百四十一条规定，“非法猎捕、杀害国家重点保护的珍贵、濒危野生动物的，或者非法收购、运输、出售国家重点保护的珍贵、濒危野生动物及其制品的，处五年以下有期徒刑或者拘役，并处罚金；情节严重的，处五年以上十年以下有期徒刑，并处罚金；情节特别严重的，处十年以上

① 新邵县人民法院（2019）湘 0522 刑初 347 号裁判文书

有期徒刑，并处罚金或者没收财产。”

尽管有法律明文规定，但仍有人抱着侥幸心理，非法猎捕、收购野生动物，伺机出售牟利。下面这个案例[②]，检察机关通过提起刑事附带民事公益诉讼，在追究不法者刑事责任的同时，还使其依法承担了生态环境损害赔偿责任。

2017 年 11 月 12 日下午，兰某到龙泉市锦溪镇黄永村村委会后山场采摘草药期间，在一山坳处发现 1 只白鹇（系国家二级重点保护动物），遂将其猎捕。次日，兰某在龙泉市住龙镇碧龙村附近山场上，发现 3 只果子狸，遂将其猎捕。之后，将猎捕的白鹇和 3 只果子狸出售给王某。王某又将该只白鹇和其中 1 只果子狸出售给翁某。另调查发现，王某还有非法猎捕、收购尖吻蝮、乌梢蛇共计 6 条和棘胸蛙 45 只等破坏生态环境的违法犯罪事实。2018 年 5 月 11 日，浙江省龙泉市人民检察院提起刑事附带民事公益诉讼，请求法院判令王某、兰某对猎捕、杀害、收购、出售珍贵、濒危野生动物所造成的生态环境损失 8600 元承担连带赔偿责任，翁某对其非法收购珍贵、濒危野生动物所产生的生态环境损失 6200 元承担连带赔偿责任。同年 5 月 29 日，浙江省龙泉市人民法院公开审理此案，支持了检察机关民事公益诉讼全部诉讼请求。

保护野生动物，人人有责，不要因逞舌尖上一时的快感而

---

② 龙泉市人民法院（2018）浙 1181 刑初 111 号裁判文书

触犯法律。很多野生动物携带大量病毒、细菌、寄生虫等，有可能危及人类健康。滥捕滥杀滥食野生动物，不仅破坏野生动物资源，破坏生态环境，还会给人类带来健康隐患，存在重大公共卫生安全风险。

没有买卖，就没有杀害。保护野生动物，不仅要重拳严惩非法捕杀、贩卖野生动物的不法者，还要从根本上杜绝那些对野生动物制品的嗜好以及嗜食野味的陋习，只有断了源头需求，才能最终消灭非法捕杀、贩卖野生动物的现象，让人与自然界其他动物和谐相处。

相关法条链接

中华人民共和国刑法（节选）

第三百四十一条 非法猎捕、杀害国家重点保护的珍贵、濒危野生动物的，或者非法收购、运输、出售国家重点保护的珍贵、濒危野生动物及其制品的，处五年以下有期徒刑或者拘役，并处罚金；情节严重的，处五年以上十年以下有期徒刑，并处罚金；情节特别严重的，处十年以上有期徒刑，并处罚金或者没收财产。

违反狩猎法规，在禁猎区、禁猎期或者使用禁用的工具、方法进行狩猎，破坏野生动物资源，情节严重的，处三年以下有期徒刑、拘役、管制或者罚金。

最高人民法院关于审理破坏野生动物资源刑事案件具体应用法律若干问题的解释（节选）

第一条 刑法第三百四十一条第一款规定的“珍贵、濒危野生动物”，包括列入国家重点保护野生动物名录的国家一、二级保护野生动物、列入《濒危野生动植物种国际贸易公约》附录一、附录二的野生动物以及驯养繁殖的上述物种。

中华人民共和国野生动物保护法（节选）

第六条 任何组织和个人都有保护野生动物及其栖息地的义务。禁止违法猎捕野生动物、破坏野生动物栖息地。

任何组织和个人都有权向有关部门和机关举报或者控告违反本法的行为。野生动物保护主管部门和其他有关部门、机关对举报或者控告，应当及时依法处理。

第三十二条 禁止网络交易平台、商品交易市场等交易场所，为违法出售、购买、利用野生动物及其制品或者禁止使用的猎捕工具提供交易服务。

全国人民代表大会常务委员会关于全面禁止非法野生动物交易、革除滥食野生动物陋习、切实保障人民群众生命健康安全的决定（节选）

一、凡《中华人民共和国野生动物保护法》和其他有关法律禁止猎捕、交易、运输、食用野生动物的，必须严格禁止。

对违反前款规定的行为，在现行法律规定基础上加重处罚。

二、全面禁止食用国家保护的“有重要生态、科学、社会价值的陆生野生动物”以及其他陆生野生动物，包括人工繁育、人工饲养的陆生野生动物。

全面禁止以食用为目的猎捕、交易、运输在野外环境自然生长繁殖的陆生野生动物。

对违反前两款规定的行为，参照适用现行法律有关规定处罚。

疫情期间隐瞒病情和行程，违法吗？

疫情防控，人人有责。突如其来的疫情，威胁着我们每个人的生命安全，严格限制密切接触人员流动，主动报告行程，配合隔离观察，成为避免疫情传播的关键。然而，总有那么一些人，从疫情严重地区回来或者已经确诊，却故意隐瞒不报，致使他人成为无辜受害者，对社会造成巨大危害。在疫情防控的紧要关头，这种故意隐瞒行程或病情的人，等待他们的不仅仅是社会舆论的道德谴责，还有严厉的法律制裁。

田某某2020年1月9日乘车从湖北返回成武家中，1月20日出现发热、干咳等症状，后分别到本村卫生室、镇医院、县人民医院就诊，其间故意隐瞒其武昌、汉口接触史。1月25日，田某某被诊断为疑似患有新型冠状病毒肺炎，在医护人员将其转入感染科病房隔离治疗时，不予配合并申请出院，1月26日，被明确为“新型冠状病毒感染的肺炎确诊病例”，造成医护人员、同病房病人等37人被隔离，严重影响了医疗机构对疫情的防治，并在一定范围内造成了恐慌①。

因涉嫌犯罪，2020年2月8日，成武县公安局对其立案侦查。2月26日成武县人民检察院依法向县人民法院提起公诉。法院经审理认为，田某某在国家卫生健康委员会宣布将新冠肺炎采取甲类传染病预防、控制措施后，拒绝配合医护人员采取的防治措施，违反了《中华人民共和国传染病防治法》规定，给37人造成被感染传播的严重危险，其行为已构成妨害传染病防治罪。因田某某在归案后如实供述自己的罪行，认罪悔罪，法院判处田某某有期徒刑十个月。

故意瞒报行程害人害己，导致严重后果就是犯罪。我们来看下面这则案例，当事人故意编造虚假返乡日期信息，多次逃避和欺骗调查走访人员，最终也被追究刑事责任。

吴某长期在武汉务工，过年返乡后，拒不配合当地疫情防控处置工作指挥部关于“重点地区人员需向社区（村）登记备案，并主动居家隔离”的工作，故意隐瞒真实行程和活动，编造虚假返乡日期信息，对自己已有发热、咳嗽等症状刻意隐瞒，欺骗调查走访人员，且多次主动与周边人群密切接触。同时，吴某有意隐瞒其子与其一同从武汉返乡的事实，其子也多

① 山东省成武县人民法院（2020）鲁1723刑初49号裁判文书

次在外活动，并密切接触人群。

经有关部门查实，吴某和其子随后被确诊为新型冠状病毒肺炎，吴某的行为违反了《中华人民共和国刑法》《中华人民共和国传染病防治法》等有关法律法规和当地防疫要求，严重干扰、破坏疫情防控工作，其因涉嫌以危险方法危害公共安全罪被公安机关立案侦查，并被隔离收治。

在疫情期间，吴某明知当地的防疫要求以及自身从武汉返乡的行程、高度疑似的症状等信息，仍与周边人群密切接触，故意传播新型冠状病毒病原体，危害公共安全，其行为涉嫌以危险方法危害公共安全罪。

在此提醒大家，法律红线不可碰。个人隐瞒病情和来自疫区等相关信息将造成严重后果，不仅会成为行走的“传染源”，造成疫情扩散蔓延，还会触犯一系列法律法规，可能面临民事、行政、刑事处罚。

相关法条链接

中华人民共和国刑法（节选）

第三百三十条 违反传染病防治法的规定，有下列情形之一，引起甲类传染病传播或者有传播严重危险的，处三年以下有期徒刑或者拘役；后果特别严重的，处三年以上七年以下有期徒刑：

（一）供水单位供应的饮用水不符合国家规定的卫生标准的；

（二）拒绝按照卫生防疫机构提出的卫生要求，对传染病病原体污染的污水、污物、粪便进行消毒处理的；

（三）准许或者纵容传染病病人、病原携带者和疑似传染病病人从事国务院卫生行政部门规定禁止从事的易使该传染病扩散的工作的；

（四）拒绝执行卫生防疫机构依照传染病防治法提出的预防、控制措施的。

单位犯前款罪的，对单位判处罚金，并对其直接负责的主管人员和其他直接责任人员，依照前款的规定处罚。

甲类传染病的范围，依照《中华人民共和国传染病防治法》和国务院有关规定确定。

最高人民法院、最高人民检察院《关于办理妨害预防、控制突发传染病疫情等灾害的刑事案件具体应用法律若干问题的解释》（节选）

第一条 故意传播突发传染病病原体，危害公共安全的，依照刑法第一百一十四条、第一百一十五条第一款的规定，按照以危险方法危害公共安全罪定罪处罚。

患有突发传染病或者疑似突发传染病而拒绝接受检疫、强制隔离或者治疗，过失造成传染病传播，情节严重，危害公共安全的，依照刑法第一百一十五条第二款的规定，按照过失以危险方法危害公共安全罪定罪处罚。